The RULES BEST

ルールズベスト

ベストパートナーと
結婚するための
絶対法則

エレン・ファイン＋シェリー・シュナイダー 著
by Ellen Fein and Sherrie Schneider
キャシ天野 訳

青春出版社

Prologue

ベスト版刊行にあたり日本のみなさんへ

２０１５年はルールズの本が出版されてから20年の記念の年です。１９９５年に発表されてからいままでの20年のあいだ、あらゆる恋愛法則のなかにルールズは残り続けています。

このように長年にわたって世界中で使われているのは、たいへんな効果があるからだと、私たちは確信をしています。初版を出したときには、「結婚しました」という感謝の便りが世界中から届き、それが多すぎて郵便の配達ができなくなったほどでした。

ルールズは、不思議な法則です。男性を「この女性と結婚をせずにはいられない」という気持ちにさせる秘訣が書いてあるのです。ただの恋愛ではありません。「この人が運命の人だ」と男性に感じさせ、結婚を決意させ、プロポーズさせてしまう方法です。しかも、あなたが望むような理想的な男性がそうしてくれるのです。あなたを心から愛する男性があなたにプロポーズをしてくれるのです。それがほかの恋愛法則との違いです。

ルールズの歴史について触れれば、ルールズは最初は口伝えで伝えられていました。その法則を学んだ私たちも最初は、口伝えで伝えていました。

しかし、恐るべき効果をもたらしました。最初に私たちは自助グループをつくって秘かにルールズを学び合い、守れるように助け合っていました。この自助グループの女性たちが次々と結婚をしていったのです。

ルールズはこのように最初はグループで使われていましたが、非常に役に立つことがわかってきました。そこで、私たちエレンとシェリーは出版を決心したのです。

ルールズをし始めるにあたり、最初は疑いを持たれることもあるでしょう。でも心配はいりません。この法則が正しいことは、実践をすればすぐにわかることでしょう。

とくに今回は、日本人の女性たちの資質を理解したうえでこの本を書きあげています。この本が1冊あれば、あなたはもう立派な「ルールズガールズ――男性を虜にして放さない魅力を持った女性」なのです。

なお、私たちエレンとシェリーもルールズで結婚をしたのは、言うまでもありません。主人がいつも私たちを見守り、誕生日には大きな花束をくれて、私たちを愛し尽くしてくれていることも、付け加えたいと思います。

Principle of RULES

「ルールズ」の原則

ルールズには原則があります。その前に、まず最初にあなたの目的を確かめておきましょう。目的は、「愛されて幸せな結婚をする」ということです。そのことを決意してほしいと思います。この目的のためにとても効果的な法則がルールズです。

法則についてわからないことがあれば、私たちに直接連絡をいただくか、あるいはルールズデーティングコーチにお問い合わせいただくことも可能ですが、以下の原則に当てはまっているかどうかをお考えいただくことで、わからない点が解消できたりします。

まずルールズでは、男性が女性に関心を持つということを重視します。男性には自分の好みがあり、その範疇から外れてしまうと、どうしても恋愛対象になりにくいのです。

それは、女性が親切にされたりすると好きになるのとは違う経路になります。とにかく、最初に彼がその人を好きになる芽があることが、恋愛では重要なのです。男性にずっと親切に接したのに愛されないというのは、最初から彼の範疇にないことが原因です。

最初に愛される芽があるかどうかには、「見た目」が関わってきます。男性は視覚を重視し、女性は言葉や会話をより重視すると言われています。男性にはそれぞれ自分の好みがあって、その好みに合っている人を選びます。

みなが別にモデルのような顔が好きだというわけではありません。「かわいい」ということとは別に、男性にはその人それぞれに受け入れやすい見た目というものがあります。

ただし、あなたが彼の好みの見た目であったとしても、だらしなくしていたり、その人の美しさが引き出されていなければ、その範疇に入らなくなってしまいます。ですから、女性は見た目を整えることも大切です。

もちろんこれはとっかかりであり、あなたの人間性の問題ではありません。要はどんなに素晴らしい女性でも、第一印象が悪すぎてはこれ以上発展しません。とにかく「男性が女性にまず声をかけて、そこから始まる恋は情熱的になる」のです。これが、第1原則です。

「男性は追うことが重要だ」というのが第2の原則です。

女性でも恋愛で不安定になって男性を追いかけていると、ますますその男性が好きなように思いつめることがあります。人間には、「追いかけると、ますますそれが大事な気がしてくる」という心理があります。女性でも、その人にもっと自分を愛してほしいと焦っているときには、それが愛情のように感じてしまったりします。

また、人はチャレンジをしたがるものです。ゲームでも、簡単すぎるゲームは人気が出ないのです。ある程度難しさが必要です。人間には、「チャレンジしたい」という欲求があるのでしょう。

さらに男性には、そんな人間の本質に加えて、もう1つ重要な性質があります。男性は競争心が高く、価値あるものを得たいと思う気持ちが高いとされています。スポーツで競争心が湧くのと同じように、恋愛は「難しそうだけれど、頑張れば得られるかも、愛してもらえるかも」という気持ちがあると、相手に対して熱心になります。

でも逆に、男性が自分から追いかけないで、女性から追いかけまわされたり、まるで奥さんのようにふるまわれると、せっかくその女性が好きであったとしても、その恋愛に飽きてしまうことがあるのです。

そういった癖を利用して、恋愛で愛されることが、ルールズの法則です。男性にはチャレンジをしてもらわないとなりません。チャレンジをすればするほど、熱心になってその女性にはまり込んでいくのです。

また、ルールズでは、「目的に合わないものは執着をせずに次に行く」という考え方があります。これが第3の原則です。

何年ものあいだ成就しない恋愛をしている女性たちのなかには、「その相手は明らかに違うんだけれど、幸せになれないんだけれど……」とまわりから見て明らかにわかることもあるでしょう。でも悪いと思って注意できずにいるのです。本人は何とかなると頑張っている例も目にすることでしょう。

それは、いま起きていることを認めたくないから、そして、もっと先にいいものがあると信じられてもいないからです。そういった方々が「違う者は違う」と執着をせずに前に行くことも、ルールズの法則の1つです。

ルールズで結婚までの道のりが早いのは、以上に則った方法を使っているからです。

これらの原則をふまえることで女性は男性に愛されます。あなたがいったい何のためにルールズをしているのかわからなくなったら、以上の点を考えてみてください。

女性はどうしても恋愛をしていると、偏った考え方をしたり、相手にしがみつきたくなったり、気を引こうとして男性の前で気弱になったり、愛してくれていないと怒ったりしてしまいます。

相手の気を引こうと、無理な嫉妬心をあおったりしても、うまくいかないこともあるでしょう。個人で考えているとうまく乗り越えられないことも、原則を思いだし、ルールズに従うことでさまざまな成果を得られます。

ルールズは、そのまま使えばよいだけです。ですから、とても簡単なのです。

✦「愛されて幸せな結婚をする」ための3つの原則✦

原則1：男性のほうから声をかけて始まる恋であること

原則2：男性の「追いかけたい」性質を利用すること

原則3：ルールズに当てはまらない相手はすぐに見切りをつけること

THE RULES BEST ルールズ・ベスト　ベストパートナーと結婚するための絶対法則　Contents

Chapter 3

始まりのルールズ The Rules for Getting Started

Chapter 4 お付き合いのルールズ The Rules for Dating

ブックデザイン
原田恵都子（ハラダ＋ハラダ）
本文組版
株式会社センターメディア

本書に登場する実例の個人のお名前、地名などは、個人の情報を守るため、変更しております。また、各ルールのタイトルにつきましては、エレンとシェリーの確認のもと、日本語としてナチュラルな文章になるよう変更しております。

Chapter 1

基本のルールズ

Basics of the Rules

RULE 1

特別な女性であること

Be a Creature Unlike Any Other

男性を惹きつける一番の魅力は、「自分は特別な女性だ」と知っていることです。自分を信頼していて安心感があり、正しい判断ができることです。光り輝くような魅力を持っていると、信じていることが重要です。

そう信じられなくても、そのように優美に行動することが、特別な女性になろうとしていることが、素晴らしい姿なのです。いまはそんなふうに思えないという方も心配はいりません。私たちは、現実的にあなたが女性として自信を持てるような、さまざまな考え方を提案しています。後程、本書で学ぶことができるでしょう。

しかし女性は、「私は価値のある素晴らしい女性だ」と信じるためには、「完璧なスタイルを持っていて、完璧な美人でないとならない」とか、「学歴がないとだめ」「人柄もよく欠点もない人でなければ」などと誤解をしています。完璧な容姿も学歴も、運命の人を手に入れるためには関係ありません。いくつかの点を守ればいいのです。

✦

まず、絶対にしてはいけないことは、「物欲しげな態度」です。才能や容姿に恵まれた女性でもなかなかいい男性を得られないのは、「結婚したい、理想の男性はどこにいるの？」ときょろきょろしているそういった姿が魅力的ではないせいです。

いつも男性のことばかり考えて、好みの男性と話ができたとかできないとか、そういったことを価値観にして、自分のしたいこともできないとなってしまうと、問題があります。「男性との恋愛だけが私の価値観」といったような、依存的な態度はやめましょう。たとえ社会で素晴らしい業績を成し遂げていても、「男性を探しています」という態度を見せつけてしまえば、それだけが印象に残ってしまいます。とにかく男性を探しているという印象を出さないことが大事です。

また、どうせこんな男性しかいない、お見合いなんて馬鹿みたい、といった冷淡な態度も美しくありませんし、男性に振られた直後だとしても悟られてはいけません。ましてややけになって、「どうせ私なんて」という雰囲気を表に出すことは絶対にしてはいけません。これらは愛を信じていない態度だからです。

すぐに心境は変えられなくても、まず「ふり」をすることが大事です。そして、ほかのことに集中したり、「もう大丈夫」と演じることからルールズは始まります。

また、「私って特別だわ、きれいだし、いまの私で大丈夫」と何度も自分に語りかけることも有効です。とくに男性に会う前には、おしゃれをしてそう鏡の前で自分に言い聞かせてください。その場で一番の人気者になったり、人と比べてきれいになることのような、非現実的で馬鹿な目標を目指す必要はありません。

ルールズガールズは、人と比べて高飛車になったり、競争をする女性ではないのです。目標はただ1つ。自分を大事にしてくれて、自分のことを大好きになってくれる人が必ずいるのだから、そのなかから素敵な男性と結婚をすることです。しかしそれと同時に、ルールズは生き方としてあなたが一生涯とり入れるべきものです。

✦

あなたがいますべきことは、男性を追いかけることではなく、自分を磨く時間、女性らしくいる時間をたくさん選ぶことです。それが、女性としての魅力を携えることにつながるのです。

たとえば、男性のことを考え続けて、占いをしたりまわりにも相談をしてばかりいる態度は、依存的で不安定な印象をまわりの人々に与えてしまいます。そんな態度は男性にだって伝わりかねません。それよりも、その時間をマッサージに行ったり、ヨガをしたり、楽しいことに使いましょう。

大事なのは、たとえこれらが全部できなくても、「そう装うこと」「とりあえずできるところをやってみること」「続けること」です。ルールズはとても現実的。できなくてもその姿勢を学んでいくだけでいいのです。これは、後に述べていきますが、「あなたを好きになる男性が現れるための」とてもとても大切な法則です。男性は、そんな価値がある女性が好きなのです。あなたの恋愛がいままでうまくいかなかったのだとしたら、このなかのどの点かが欠けていたことに気がつくことでしょう。

✦

男性を追いかけまわさないこと（とても重要です！）、人と比べて卑屈にならないこと、愛情を信じない皮肉屋にはならないこと、自分を大事にしていること、女性としての自分が好きであること、女性としての時間をとっていること。そして、何よりも「私は素敵な女性です」と信じていることがとても大切です。そう信じている女性は、優しく穏やかで安定感があり、良識もあります。そして自信に満ちあふれています。

完璧にできなくても、それを演じているうちに本物になれるのです。そうした女性を男性は心から愛するようになるのです。

RULE 2
相手から話しかけてもらうこと
A Man Must Talk to You First

ルールズのもう1つの重要な法則は、「話しかけたり、アプローチをするのは、絶対に男性から」ということです。一見、女性から話しかけても、うまくいっているように見えるカップルもいます。でも、それは事実ではないと私たちは信じています。少なくとも結婚がスムーズに決まる、というふうにはいかないでしょう。うまくいったとしたら、それは、その男性もその女性に対して好きなところがあったのだけれど、たまたま女性が話しかけただけなのです。

これは「あらゆるもの」に必要な法則だと思ってください。男性は、「自分から気に入って話しかけた女性」が、「手に入れるのにちょっと手間どる」と、とても魅力を感じてしまうのです。でも、女性が自分に話しかけてくれて、その女性が自分を好きになってくれて、となると、チャレンジのし甲斐がなく、退屈になってしまいます。

たとえば、恋愛映画を見てみてください。男性が女性を好きになるのは、その女性が男性に必死に話しかけたからではなく、その女性がほかのことをしているときであることに気がつくでしょう。そして彼から声をかけて始まった恋愛は、彼が熱心になっていくのです。

✦

このように、「男性がいる場や出会える場にはたくさん行ったり登録をするけれど、選ぶのはあちら」であるということをいつも頭に入れておいてください。これはとても重要なことです。

女性からべたべたしていけば、それは体の関係を持てる女性として、重宝されるかもしれません。しかし、真剣に付き会えなかったり、相手が窮屈になったりするでしょう。

そして、お付き合いをしてもなかなかプロポーズはしてくれないでしょう。

RULE 3

自分を磨くこと

Be the Best
You Can Be!

ルールズでは、声をかけてもらうためにも、女性は優美でなければならないと考えています。そしてすべての女性が、努力次第でその人らしく美しくなれます。美しくない女性など1人もいません。ただ、怠け者の女性がいるだけなのです！

ルールズでは、見た目を整えることを重視します。具体的には次のように考えています。

1．髪について

髪は肩よりも長くしてください。男性は長い髪が好きなのです。写真を撮らなければならない場合、緊急であればエクステンションをつけてもらうこともあります。アメリカではストレートの髪が似合う人が多いためにそれをすすめています。なぜストレートかというと、艶が出るからです。あまりカールが入ってしまうとバサバサと艶なく見えてしまうこともあります。髪に艶が出るような髪型がおすすめです。それに、男性はいずれにしろ、長い髪が好きなのです。

2. メイクについて

お化粧は健康的できれいに見えるものにしてください。どうしても個人的主観でお化粧をすると、やりすぎてしまうかお化粧がたりないといったこともあります。専門家に習ってくることもよいでしょう。また女性は、いったんよいと思った化粧法を、続けてしまいがちですが、そのときの流行もあります。よいと思っていても、いまでは古い顔なのかもしれません。肌には2色を使い、陰のあるところや血色の好いところを出して、健康的に仕上げてください。

きれいな肌に加えて、アイライナー、マスカラで瞳を美しく演出し、リップグロスで唇に輝きを足してください。明るく素敵に見えます。

3．整形手術について

男性に誘われるかどうかは、顔の印象がとても大きく関係してきます。印象がとても変わるのであれば、簡単な整形手術を受けることもいいでしょう。

アメリカでは、鼻が大きすぎたり、極端な鷲鼻だったり、鼻が高すぎてきつい印象を与えてしまうといった場合、幅を狭めたり鼻を低くする手術が広く行われています。確かに鼻が大きすぎると印象がきつくなるため、それらをすすめることもあります。

日本人の方の鼻はキュートで、鼻が大きすぎて印象を損なうということはそれほどなさそうです。

日本ではまぶたを二重にする手術があると聞きました。私たちは写真を見て研究をしてみましたが、これらはお化粧の違い程度だと感じました。整形をしなくてもお化粧で美しくなれる範疇です。手術はできる限り最小限にとどめることをおすすめします。

私たちは、整形手術をずっと続けていくような精神状態になったり、健康を損なう原因となるような整形手術の受け方には疑問を感じています。目の形を変えてしまうような手術、胸に何かを入れたり、脂肪を吸引してしまう手術は後々いい影響ばかりとは限らないと思います。ボトックスをしすぎると、表情が不自然になります。

通常そういったことは、女性がコンプレックスに思うほど、男性は気にしていません。

結婚後の男性は、女性がずっと鏡の前に立っているようなことを望んではいません。あちこちのしわに神経質になって、ずっと伸ばしたがる女性を奥さんにしたいとは思わないのです。料理をつくってくれたり優しくしてくれたりといった温かさを求めています。整形手術で完璧になることは、無意味でもあります。自身の美しさをどう引き出せばいいかを考えることに、意味はあるのです。

4．服装について

服装はある程度、肌を露出してください。胸を強調したり、腕を出したりしてみましょう。膝より上のスカートや、タイトなジーンズは男性に人気があります。ファッションは独りよがりになりやすく、本人が思っているものと違うほうがいい場合もあります。あまり古くならないように、一度似合うと思い込んだものを続けないように、トレンディでセクシーな服装にしてみてください。男性を意識したファッションをとり入れる必要があります。

5．ダイエットについて

太りすぎているとしたら、体重を落とすことは重要です。1つの偏った方法に極端に頼るのではなく、健全で健康的な食生活にしてください。また運動を定期的に行うことも大切なことです。

私たちがすすめているのは、砂糖をとらないこと、その代わりにフルーツや野菜の甘みを楽しむこと、朝はフルーツをとること、朝、昼、晩と、野菜、良質のたんぱく質を多くとることです。また炭水化物を減らすことです。

食べる量を量って決めておいたり、どのお皿でどの程度と決めておいてもよいでしょう。

✦

いずれにせよ、ほかの人になることを目標にするのではなく、「あなた自身」が美しくなる努力をしてください。つまり、非現実的な体形になろうとか、ほかの人の顔になってしまおうとか、そこまで極端なことをする必要はありません。

また、そうなれないからダメだと自分を責めるのではなく、いまの自分で最高なのだという自信を持つとともに、もし「あなたが現実的に」解消できることがあればしてみる、という姿勢を持ってください。

そしてファッションやメイクは男性が好むものをとり入れるということも重要です。その人がその人でありながら美しくなるときに、誰かがあなたを愛してくれるのです。

RULE 4
相手から気に入られること
He Should Like You First

ルールズで、あなたは必ず素敵な恋愛をします。でもそれを邪魔するものがあります。1つ目は、暗く悲観的になること。ルールズは続けていくことが大切です。マイナスの思考をしてしまう前に、続けていってください。

ルールズは、あなたにいつも関心を払ってくれて大事にしてくれる、理想の男性との結婚を約束しますが、そのためには、どうせ振り向かれないと思っていたこれまでの姿勢をやめて、振り向かれる女性だと信じることが欠かせません。

いろいろなことが起きても、それらに対して楽観的になっていくことです。夢を持ってください。さまざまな意見があるのはわかりますが、ほかの人々が言う悲観的な意見を聞くのではなく、本当に素晴らしい男性と出会えると信じましょう。

2つ目は、幻想の恋愛に注意をすることです。男性が誘ってくれなくても、自分が好きだからと諦められずにアプローチをしてしまうことがあります。それだけならまだしも、誘ってくれなくても、「恥ずかしがっているから誘わないだけで、彼は自分を好きなはず」と思っていたりはしないでしょうか。

誘ってもこない男性が自分を好きだと思ってしまう女性たちの特徴は、1つの片思いが長いことです。そしてそのまま何年も待ってダメだったりするということです。その人とはうまくいかないまま、ほかの男性を探す努力もしていないあいだに、その男性はほかの女性と結婚をしたりしてしまうでしょう。

自分が好きな人だと、その人も自分に関心があると必ず誰もが思います。歌手のファンは、すべての人が、「自分だけに視線を送ってくれている」と必ず思っています。素敵なお医者さんが声をかけてくれれば、「自分だけに優しい」と思います。そうです！　確かに「私だけ」にしてくれたと思うのです。ですが明確なのは、それほど素敵な人であれば、本当に手に入れたいのならば、確実に自分から声をかける、ということです。

自分から声をかけるかかけないかで、その人がどれほど本気かをはかることができます。

Column

草食系男子について

「草食系男子」という言葉が日本にあるということなので、キャシにアンケート調査を依頼しました。彼女の報告によると、アンケートに協力してくれた、草食系と言われている20代から30代の男性の6割以上が、「好きになった女性ならば、自分から告白をすることもある」と答え、なかには「告白をしないのは、じつはそんなに好きではないから」という人もいたそうです。さらに、見た目は草食系男子でも、奥さんには自分から声をかけたという30代後半の男性も何名かいました。そして私たちは、あらゆる男性に好きな女性を追いかけたい本能があると信じています。

人間には、自分の心を相手に反映してしまうという心境があります。そのため、自分が相手を好きだから「相手も自分を好きなはずだ」と思い込むのです。「私を好きなのだけれど、誘ってくれないのは、恥ずかしいから、こうだから、ああだから」と理由をつけてしまいます。そうやってうまくいかないのにしがみついていた恋愛が何年後かに片思いだったとわかることもあるでしょう。うまくいかなかったということは、簡単に言えば、あなたが相手を好きでも、相手があなたを好きではなかったからです。

頑張った挙句、その草食系男子がほかの人と結婚なんて、寂しい限りです。

ルールズが目指しているのは、男性が女性を追いかけ、とてもとても大切にし、その女性なしでは生きていけないとなっていくことです。稀にとても気が弱い人がいるとしてルールズに時間がかかったとしても、その男性だって女性を好きになったら、「いつ、どのように話しかけようか」とその女性のことを考えていることでしょう。もしそうでないならば、憧れているだけなのかもしれません。

ルールズは誰にでも効果的です。好きな女性だと、たとえ何日も声をかけられなかったとしても、それを自分からできた喜びはひとしおでしょう。あなたは機嫌よく、ただその場にいればいいのです。なお、ルールズでは、「その人がいるところに無理に行くことも、その男性の熱を冷ましてしまうのでダメ」です。ほかの人々と話をする機会などを持って自然にしておいてください。その人だけを狙ってその人のそばに行って、プレッシャーを与えないようにしましょう。

あなたを落としたい男性であればそばに行ったら喜ぶとしても、情熱的に愛されるためには、彼から声がかからないとなりません。その男性があなたを好きであれば、その場にあなたが現れないとがっかりします。そしてますますその女性を好きになります。ルールズに従えば、情熱的にあなたを愛する男性と結婚ができるのです。

RULE

5

男性には自分の意思でしてもらうこと

He Needs to Decide What to Do

女性は、相手に愛してほしいと望みながら、そうならないと怒ったり強制したりします。女性が口にする言葉は、「なんで？」でいっぱいです。

「なんで誕生日を覚えていてくれないの」「なんでキスに情熱がないの」「なんでほかの人の話をしたりするの」「なんで大事にしてくれないの」。不満が出てきてしまうのは、そもそも女性から無理に築いた縁か、男性を正しく扱わず、甘えさせすぎて与えすぎて飽きられてしまっているかどちらかだからです。

男性は女性に自分から働きかけを積み重ねていくと、その女性を大好きになっていきます。つまり、あなたから何か働きかけをしないで、彼にしてもらおうとしないで、「ほうっておきなさい」と私たちはアドバイスします。その男性が自分の意思でその女性にしたいからする、ということが重要なのです。

相手が何もしてこないのであれば、その人はほうっておくこと、そして彼の行動を待つこと、あるいは、ほかの人を探すこと、これが大事です。多くの女性が「この人はこうしてくれない、どうしてもここをこうしてほしい」としがみついて関係をますます複雑にしてしまっています。あなたは本当に素敵な人に出会い、大事にされるのです。ですから、その人、つまり運命の人、あなたを心から愛する人に出会うまで忍耐をするし、ルールズを守る、と決めてください。

このことは、一体何をしたらいいのかわからないときの基礎となるので、覚えておいてください。わからなくなったら、次のことに当てはまるか考えてみるとよいでしょう。

彼があなたに関心を持ってくれたこと、そして彼が追いかけているという関係であること、あなた自身はその男性がいないとダメだという依存的な態度ではなくて、自分らしく生きていて、自分の時間を大事にしていること、忙しくしている女性であること（それは仕事ではなくてもいいのです！　料理でもいいですし、ゆっくり昼寝をするのだって自分の時間を大切にしていることですから！）。

これらに当てはまり、ルールズがうまく働けば、彼はあなたを手放したりはしません。

RULE 6
次に行くこと
Next!

ルールズでは「次」に行く、ということを大事にします。みなさんは「諦めない」ということを社会で学んできました。何とか頑張ればうまくいくはずだから、そう人は考えます。社会で成功するためには、それはとてもよいことなのでしょうが、恋愛ではそうはいきません。現状を認めて、うまくいかないものは自然な成り行きに任せたり、執着をせずに前向きにほかの新たな可能性を探さなければならないのです。

次に行くべきときにしがみついていると、ストーカーになりかねません。恋愛では相手が好きであれば必ず確実に働きかけがあるものです。その事実を受け入れられずにいると、結局は変な行動もしてしまいますし、それよりも、これからの出会いが制限されてしまいます。

みなさんはお友だちが、「素敵な出会いがあったの」「でも、私のことを馬鹿にしているの」「あっちに呼び出し、こっちに呼び出しで、ぜんぜん私のことを考えてくれていないみたい」などと言ったら、もっと頑張りなさい、などと応援するでしょうか？　彼がそうなってしまった問題を解消して何とか愛されるように頑張りましょう、なんて言うでしょうか？　そんなふうに頑張ってしまうことが不自然なことはおわかりだと思います。

その人が自分を大事にしてくれる人でないのならば、その人は避けて、新たな可能性を探すべきなのです。でもたとえそうとわかっていても、自分の恋愛になると、そうとは思えないみたいです。

今後私たちは、さまざまなケースで執着をせずに次に行くようにと言うことでしょう。なぜならば、よくない恋愛から抜け出して幸せな結婚を目指すことは、あなたの権利なのです。

ルールズでは女性は楽観的であるべきだ、とお教えしています。１人の人にしがみつかなければ、歩みを止めなければ、たくさんの男性がいるのです。ルールズがうまくいっていないわ、この人は違うみたい、「次！」。というのは、とても効果的な方法なのです。ただ単純にルールズに沿わなければ「次！」です。理由を考える必要もありません。

Chapter 2

出会いのルールズ

The Rules
for Meeting Mr. Right

RULE 7
出会いの場に行くこと
Go to Singles Events!

ルールズガールズは、引きこもる女性たちではありません。

男性に出会いたければ、大事なことはなんでしょうか？　人がいる場所に行く、ということです。その場所はどこでもいいのです。食事に出かける、趣味の場所に出かける、図書館に出かける、飲みに出かける、外を走る、どんなことでもかまいません。でも、身のまわりに気をつけてください。

運動をするにしたって、外に出るならば服装がファッショナブルであるように気をつけることです。顔に1つ入れたらあなたが映えるもの、グロスやマスカラなどは忘れないでください。どんな場でも自分の美しさを見せるようにしていきましょう。

あなたがもっと効率的に男性と出会いたいのであれば、男性と女性がよく出会っている場所であればさらに効果的です。私たちはそちらのほうがもっと大切だと考えています。

日本では飲み会、コンパ、お見合いパーティなどがあると聞きました。そういったパーティでもかまいませんし、友だちの紹介など、どんな機会でもかまいません。男性と女性が出会いを求める場があれば、積極的に参加をしてほしいと思っています。

そしてその場には、きれいにして行ってください。最良のあなたになってください。その際に失敗をすることもあるかもしれません。きれいになろうとすると、最初は過度にやりすぎてしまうこともあるでしょう。過度に、というのは、ちょっとポイントがずれて、頑張ってしまうということです。でもだんだんと、どういったものが似合うかもわかってくるでしょう。

あなたはとにかく、出会う場に行く必要があります！

RULE 8
あなたのすることは、ただそこにいること
Just Show Up!

ルールズガールズにとって大事なのは、積極的に動くこと。インターネットを使うのであれば、写真をつけて掲載するということが重要です。でもあなたの責任はそこまで。その場では、ただ「そのままいる」だけがあなたの役割です。

出会いの場で「そこにいるだけ」という意味がおわかりになるでしょうか？

好きだからとチャンスを狙ってその男性のいるところへ現れたり、そばに行ったりしてはなりません。たとえそんなことをしても、男性は自分が好きな人は自分で決めます。どんな理由であれ、相手があなたを目にとめて、あなたに声をかける必要があるのです。パーティでもなんでも、素敵な男性がいたからといって、その人のそばに張りつかないでください。とにかく自分からはそばに行かないでください。「何かをしない」ということが重要です。彼に張りついて引っかけてしまうのはルールズではないのです。

学生さんであれば好きな人が隣のクラスにいるからといって、そこにしばしば現れてはなりません。要はその人の追っかけにならないことが大切です。追っかけは追っかけです。きゃーきゃー言う女性は、彼を得ることができるでしょうか？

自分から声をかけないからといって、暗く自分を隠そうとしたり、過剰に神経質になる必要はありません。パーティであればその場で食事を楽しんだり、ほかの女性との会話を楽しんでください。もし男性に話しかけられたら一般的な話題を楽しんでください。

「お付き合いしたいんですか」「素敵な人ですね」「どんな女性が好きですか」といった話題はしないようにしましょう。一般的な話題、料理、趣味、そのほかのことであれば何でもかまいませんので、話してみましょう。

「付き合いたい」「好みを知りたい」ことをにおわせる話題は、相手から出されるべきなのです。なぜでしょうか？　もしその男性があなたを気に入っているところがあるとしたら、そのほうが、彼のほうから時間をかけて、あなたを好きになっていくからです。

そしてパーティやどんな場であれ、20分を過ぎたら、「失礼します」と言ってその場を去ってください。ほかの人に話しかけるのでもいいですし、化粧を直しに行くのでもかまいません。にこやかに優雅に、でも張りつかないという印象です。

RULE

9

素敵な男性であっても、普通にふるまうこと

Do The Rules Even More If He is Gorgeous!

素敵な男性に出会ったらどうしましょう？　のぼせてはいけません。いえ、のぼせてしまうのは仕方がないのですが、その様子を見せないでください。そしてごく普通に接してください。素敵ですねと、顔を赤らめて言ってしまえばすぐに、手に入れるチャレンジをしなくてよい女性となります。無理にデートをしてもらったところで、彼にはほかに好きな人ができてしまいます。

男性は、スポーツで勝つことを好むように、ゲームで意地になることがあるように、仕事で競争をするように、価値がある女性を手に入れたいと本能的に思うのです。でもあなたのほうがのぼせてしまえば、彼にとってはもう手に入ったも同然。しばし関係を持

ちたいと思ったり、少し話をしてみたいと、たとえ思ったとしても、どうしてもこの女性を手に入れたい、というチャレンジ精神を失ってしまいます。どんなに素敵な彼であっても、それを表に出さないようにほかの人に対するのと同じように接してください。

デボラは素敵だと思う男性にいつも声をかけてしまう女性でした。そのため、彼女の恋愛はうまくいきません。会社でも、ジムのトレーナでも、ぽーっとなってしまっては、積極的に男性に気に入ってもらおうとします。言っておきますが、彼女はとても美しい女性なのです。でも彼ができません。できても短いあいだしか付き会えませんでした。

でもルールズを学んでから、彼女はどこへ行くのでもおしゃれをして、少し口数を少なくしてみました。話すとすぐにのぼせてしまいそうだったからです。

彼女は会社で素敵な男性に書類を渡しに行きました。その彼はとても素敵ですから、彼女は思わず声をかけてしまいそうでした。今までの彼女であればそうしたでしょう。でも今回はそうはしませんでした。

書類だけを渡したところ、彼女は彼に引きとめられました。以前の彼女なら何とか彼に気に入ってもらおうとしたでしょう。彼女は書類の不備を指摘されて、それでも平静でいました。すると、だんだん彼が彼女に関心を持ち始め、それは彼女には初めての経験でした。「こんなふうに関心を持ってもらえると、自信がもてるわ」と話しています。

あなたにもそんなふうになっていただきたいと私たちは望んでいます。

RULE

10

彼から連絡先を聞いてもらうこと

He Should Ask for Your Contact Information

デートの最初は、相手から連絡先を聞いてくれなければ、自分から伝えてはなりません。

「それで終わりになったらどうするの?」「せっかく素敵な人なのに、このチャンスを逃したらどうするの?」といってたとえ連絡先を集めたところで、その人は自分が好きになった人を好きになるでしょう。それにルールズでは、深く愛されるという関係を望んでいますから、情熱的に自分を愛してもらう経験を積むためにこのプロセスは大切です。

あまり積極的ではない男性でも、結局は相手から聞いてくれるのを待ったほうがうまくいきます。ある男性はいじめられっこでクラスでも有名な消極的な少年でした。それにも関わらず、やはりある女性を好きになって、とても大事に思いアプローチをかけました。彼にとって結婚をした彼女は宝物になりました。60歳になったいまも彼は彼女にくっついて歩いているのです。

自分から熱心にアプローチをしてばかりの人だと、この法則を守ることは困難であるかもしれません。でも、大事なのは、「相手がその女性に連絡をしたがる」ということなのです。この気持ちがないままに自分が熱心に頑張ってもうまくいきませんし、もし相手にその女性を好きな気持ちが仮に「あった」としたら、待つことができなかったために、その男性が追いかけてますます好きになるチャンスを奪ってしまうことになります。連絡先を相手が聞いてくれないのであれば、その人とは縁がないのです。自分から関わってはいけません。

最初に彼が話しかけてくれたら、にこやかに話してください。あまり長居をしてはいけません。このとき彼が連絡先を聞いてくれたら、あなたに関心があります。

聞いてくれなかったら？　答えはわかっていますよね。次に行くべきです。あなたに関心を持たない人には関わらずに「次」です。あなたはあなたを愛してくれる人に出会うのです。

いままでは誰かに話をしないと愛されないと考えていたあなたが、優雅にその場にいるだけという訓練をすると意識が変わります。

Chapter 3

始まりのルールズ

The Rules
for Getting Started

RULE

11

デートのお誘いはあちらからしてもらうこと

He Should Ask You Out

彼が連絡先を聞いてくれたら、いよいよルールズが始められます。後は誘われるかどうかをみてみましょう。彼があなたに関心があれば、必ずその連絡先にコンタクトがあります。まず連絡がきて話が始まり、そのうちにどこかへ行こうという話になります。

さて、彼から連絡がきたとして、ここでも自分からデートの「デ」の字も言ってしまうことは、ルールズではご法度です。付き会えない女性たちは、相手に自分への気持ちがあると過大評価しすぎています。そのように時間を無駄に過ごしてしまいます。でも、見守っていて育つものがあれば、つまり、彼から連絡先を聞きだし、彼が誘いだしていけば、順を踏んで彼はすごくあなたを大好きにならざるを得ないのです。

時としてデートの誘いがあっても、その後の会話が続かなくて計画自体がなくなった経験があるかもしれません。そんなときに何とか誘わせようとしてもうまくいかなかったことでしょう。最初はうまくいったのになぜ、と考えるかもしれませんが、そう考えること自体が時間の無駄です。いまは恋愛を始められる人を探す段階であって、その人とは恋愛になる段階ではないのです。そのようにお誘いみたいなものがあっても、その後のお話がなくて、自分からその後、あの話はどうなったの、と話を続けたところで、デートの計画が立たなかった女性もたくさんいます。でも、たとえ誘ってもらったところで、長くは付き合えなかったでしょう。

いまは一番大変な時期です。それはわかっています。なぜなら、恋愛をしていないときは、失業中の状態に近いからです。仕事が始まれば毎日できる作業も、失業中は毎日面接に行かなければなりません。面接中、お金ももらえないのに、その会社の人事担当者に皮肉を言われたりして、割に合わないでしょう。つらいことばかりです。でも就職が決まればお給料がでて、毎日仕事があるのです。そのときまでの辛抱です。

恋愛も始まれば彼といろんな経験ができるでしょう。彼から始まった関係のほうがどんなに愛されるかを知る必要があります。男性は自分が誘う気になれば、また誘ってきます。ほうっておいてください。男性は自分から誘ったほうが、熱意が出るのです。途中で連絡が途絶えてしまうのであれば、それはあなたの運命の人ではありません。

RULE 12

3回目のデートまでは打ち解けすぎないこと

Don't Open Up Too Fast (Until After Date 3)

初めてのデートから3回目までのデートは非常に重要です。

女性は、「自分を知ってもらうことが重要だ」と考えます。「私のいいところをわかってもらわないと」と感じるのです。それは友だちならばいいでしょうが、恋愛では逆効果です。恋愛においては、彼女のことをもっと知りたいという気持ちが関心を持つ理由だからです。そのため、最初のデートから3回目、あるいは、出会ってから数週間のあいだは、親しくなりすぎたり、打ち解けすぎたりしないでください。最初から打ち解けすぎてしまうと、関心が低くなってしまうからです。

アメリカ人女性の場合、確実に話しすぎです。かわいらしい女性たちも、話しすぎて男性との関係が短くなってしまっています。情熱的に愛してもらえずにいたりします。ルールズで学んで話しすぎを直しただけで、すぐに愛されていくことが多くあります。

たとえばアビーです。彼女は26歳でとても素敵な女性にも関わらず、2回目のデートあたりから相手の様子がなんとなくおかしくなり、結局はお付き合いできませんでした。最初のデートから自分の父親がどんなにひどい人かを話して、同情を引こうとしたからです。つまり感傷的な話をしすぎたのです。親しくなるためには、いろいろと正直に話さなければならないと彼女は思ったのです。彼の関心を引くために、心の中のことを洗いざらい話したりしました。

このように自分自身の感情の整理をつけられずに、あけっぴろげな姿勢でいては、男性を惹きつけられません。ですから、この法則を守ってもらいました。

すると、いとも簡単に彼女は真剣なお付き合いに入りましたが、とにかく「どんなに愛情が大切か」とのべつまくなしに話す習慣を、まずやめさせる必要がありました。

日本人の女性たちは、話しすぎることよりも、「話題を選ぶ」ことが重要になってきます。いつもにこやかな雰囲気にしていてください。大事なのは、感情的なことを話しすぎないこと、恋愛について結婚についてどう考えているかを話さないことです。日本人の女性で、恋愛の話ではなく一般的な話を楽しくしていたら、「君ってなんか違うね」と気に入られた例もあります。

自分の経歴、仕事の内容、客観的な事柄、趣味などは話題としていいでしょう。恋愛に関するもの、どんなに愛情を求めているかといった話題、感情的な事柄、感傷的な事柄は必ず避けてください。

あなたにとって恋愛はどんなに重要か、どんな意味があるのか、どんな付き合いをしたいのか、どんな結婚生活がよいのか、という話はしないでください。それらは、あなたが恋愛に入りたがっていると相手に気づかせ、その男性がそれほどあなたを好きではなくてもすぐに関係に入ろうとさせてしまうか、通常は男性を慎重にさせてしまいます。そして、彼があなたを追いかけて大事にするという姿勢になりにくくさせてしまいます。

彼の恋愛観や好み、結婚についてどう思うかということも、聞き出そうとしないでください。これらの恋愛に関する話題については、お付き合いした後でも決して話題にしないでください。

感情的な事柄や感傷的な事柄というのは、「誰々が病気になった」「それで困っちゃって」「でも私はこう思うの」といったように、個人的に感じていることだったりもします。「こんな苦労があって、でもこんなふうに頑張ってきました」という同情を引きたいような話や、どこかで評価を求めることだったり、「私の上司が嫌なやつなんです。こうなっていて、ああなっていて本当に嫌」というような、ネガティブな話は避けましょう。

また、彼に深入りしたいがために、最初の段階で、彼の心情的なところを聞き出そうとすることもよくありません。「そうですよね、確かに悲しいですよね。それはこうで……」というように、感情を深めようとしないでください。この段階では、女性だったら喜びそうな極端な同意はしなくていいのです。彼に感情的な話題を振って何かを引き出そうとしたり、相談に乗ろうとしてはいけません。あなたは彼のお母さんになりたいわけではないでしょう。

感傷的なことを話したら女性同士では親しくなれても、男性とは違うのです。恋愛ではないのです。もう少し軽い話題を話してみてください。どんな話題でもかまいません。旅行でよかったところはここです。ここのお料理はおいしいですよね。というような話題は大丈夫です。ここでは家庭的にふるまおうとしたり、なれなれしい雰囲気を出さないことが重要です。にこやかに優雅に。これは、女性特有の感傷的でめんどくさそうな印象を残さないためです。落ち着いた印象を残すためです。

「何でもかんでもすぐにすべてを出そうとはしない」「すぐに自分のことを全部知ってもらおうと無理しない」態度を、「ミステリアス」と私たちは呼んでいて、ルールズではとても大切にしています。ミステリアスでいれば、あなたに関心を持っている相手は「また会いたいな」と思いだします。「もっとよく知りたいな」と思ってもらえることは大切です。それだけで十分なのです。全部最初から知ってもらおうとしなくてよいのです。最初にさわやかな印象を持ってもらえば、その印象はずっと残ります。

なお、4回目のデートからは少しずつ自分を明かしていくのですが、結婚の話や彼女になりたいとにおわせる一切の話はしてはいけません。でもそれ以外のことは話してもいいでしょう。彼が困ったことになっていたら、同情をし、温かさを示してください。

4回目からは、悲しいこと、よかったこと、もう少し感傷的な話としては、会社での困ったことなども話してもいいでしょう。

この人を奥さんにしたら素敵だろうなという温かさは、4回目以降から出してください。3回目までの注意事項をまとめてみます。

1. 恋愛・結婚に関する話題はしない
2. 恋愛・結婚観を聞き出そうとしない
3. 個人的で感情的な話をしない
4. 個人的で感情的な話を引きだそうとしない
5. なれなれしさを全開にしない
6. 温かさ、親しさはデートの4回目ぐらいから

こんな我慢をするのは嫌かもしれませんが、ほんの数カ月、彼が真剣に愛している、と言い始めるまでのあいだです。

RULE 13
こちらから連絡しないこと
Don't Contact Him in Anyway

女性は素敵な男性と知り合うと、なんとしてでも連絡を入れたくなってしまいます。「先日はありがとうございました。その後いかがお過ごしですか?」といったことや、何とか自分から連絡をとりたくなってしまいます。

自分から話しかけたり連絡をとったりするのがダメなように、電話、メールなどの連絡もこちらからはしないでください。

男性から連絡がくるということは、とても大切なことです。連絡をくれない人であれば、この縁を何とかしようとしても無理がたたるような関係になります。深く愛されて安心、追いかけられて楽しいという感じにはなりません。

さらに、彼から連絡をとってもらっていると、彼からのアプローチが積み重なり、その女性をさらにどんどん好きになります。ここが重要なポイントです。その男性がもし本当にその女性を好きで、そしてデートでの印象もよかったとしたら、連絡を自分からすることで、より熱心になっていきます。

あなたから連絡をしても、相手にその気がなければ時間の無駄になります。彼が熱心でないのは、まだ付き合いたいほど好きな相手に彼が出会っていないためかもしれません。その場合も、もし付き合うことになっても、付き合いが複雑になったりします。

相手があなたを好きだとしたら、自分から連絡してしまうことで、せっかく相手からいろいろしてもらって熱心になってもらうチャンスを捨ててしまうことになりかねません。

せっかくの出会いがあって最初は楽しくて話が盛り上がるのに、急激にしぼんでいってしまうことも多くあるでしょう。そういう人は、あまりあなたに関心がない人です。それらの人々に時間をかければかけるほど、人生の無駄になります。

自分から連絡をしてしまうことは、「この人と、何とか縁をつなぎたい」という気持ちを見せてしまうとともに、ほかの人へ関心を持つ過程を妨げてしまいます。ほかのよい男性を呼び込む力も阻んでしまいます。

たとえ諦められない気持ちがあったとしても、その人のことは今後の様子を見ることにして、ほかの人々とも出会っていってください。そして、本当に自分に関心がある相手と関わっていくことの大切さを学んでください。女性として大事にされていることがわかっていくと、より自信もつきます。

✦

ミッシェルはいままで、自分から連絡をしてきた女性でした。恋愛では、いつも彼女は尊重されないことばかり起きていました。メールもいつも自分からして、返事が来たらいつも急いで返していましたが、こちらから連絡をしないことで、どんなに恋愛がうまくいくかを知ることとなりました。連絡が来ない人は、どんなに頑張ってももともとダメな人だったとわかるようになりました。ミシェルを好きな人ならば必ず連絡をくれて、しかも、彼女がどんなに彼にとって価値があるかを情熱的に伝えるようになったのです！

男性は自分が追いかけたときに、情熱的になります！　情熱的になってほしいのでしょう？　ルールズが厳しいのはよくわかります。でも彼からの連絡を待ってください。ただし誕生日などに温かいメールを送ることや、彼のお母様が病気になったときなどのお見舞いの連絡などはとって差し上げてください。

RULE 14

デートの食事代は彼に出してもらうこと

He Should Pay for Dinner

男性は自分が気に入った女性なら、ごちそうをしたいと思うものです。食事代、デート代は男性に出してもらいましょう。

あなたに支払ってほしいと言う男性は、あなたに女性としての関心がそれほどないのでしょうから、デートは1回限りにしましょう。それは、あなたを友だちや同僚と思っているのか、付き合いたいけれど好きなわけではないのか、とにかく女性としては余り関心がないのです。

彼があなたにごちそうをしていくうちに、あなたを大切にするようになったり、責任をとっているという誇りから、騎士道的な精神が芽生えてもいきます。

ごちそうになるのがあまりに悪いと思うのであれば、何度かごちそうになった後で、そのほかのお茶代や映画のチケット代の一部を負担するなどしてください。しかしこれは、しなければならない、ということではありません。あなたが悪いと思うから、してもよい、ということにすぎません。もちろん、お付き合いを始めたら、彼の誕生日など特別な日に、ご飯をつくってあげてもよいでしょう。

しかし出会った彼がおごってくれないからと言って、怒るべきではありません。また、高いレストランではないと怒ったりするのも筋が違います。彼はそういうお店が好きなのかもしれません。そもそも、「怒る」というのは、ルールズに反します。どこか自分そのものの価値観が信じられていないのです。お金を支払われて初めて自分は価値があると思っているため、穏やかになれなくて、怒ってしまうのです。

また怒る、ということは、「関心を払われていないのが怖い」という、相手への関心や依存度の高さも表してしまってもいます。

彼が学生などでお金がなかったら、ファーストフード店にする、デートの内容を変えるなど、知恵を使って、彼にできる別の提案をしてください。

また、ルールズは、愛される方法です。仕事関係の人や単なる友人と食事に行く機会があって、そこで割り勘でも、「男性が全部支払うべき」という高飛車な考えを持つ必要もありません。しかし、男性の同僚や上司がその場で支払ってくれたとしたら、そしてそれが何らかのやましい目的ではなく善意によるものであれば、それはもちろん、お受けしていいのです。好意を受けとるルールズの練習になるでしょう。

収入が多い女性のなかには、相手の男性に気に入られるために食事代を支払ってしまう女性がいます。そのようにお金で彼の関心を買おうとした場合、いろいろと後で問題が起きてきます。女性は、「彼が愛してくれているから」「かわいそうだから」など、いろいろな言い訳をします。しかし女性がおごるようになれば、彼は愛情というよりも、そのお金を頼りに付き合うようになります。女性も彼が離れるのを怖がって、支払っていないとならない追い詰められた心境にだんだんとなるでしょう。

もちろん、おごるということについては、個人差があります。どんな女性にでもおごる男性もいるし、違う考えの方の人もいます。でも、付き会う女性にも割り勘という考え方を持った人は、結婚をしてもその女性を養う気持ちに欠けていたりします。

その人があなたを守りたいという気持ちがない人であるとわかっても、怒らずに正しいものを選ぶためのルールとして、賢明に使ってみてください。

また、あなたと結婚をしてもいない彼の、食事以外の経済的な面倒もみてはいけません。そして食事後は、「ありがとう」「ごちそうさま」と笑顔でさわやかにお礼を言ってください。さわやかに、というのは、卑屈にならない、くどくどと言わない、ということです。愛するあなたを喜ばせることが、彼にとって一番のご褒美です。

RULE

15

土曜日のデートの誘いは水曜日までに締め切ること

Don't Accept a Saturday Night Date after Wednesday

デートが真剣ではない理由はなんでしょうか？　それはそういう状況を女性たちも、つくってしまっているからです。デートの約束は前もってしてもらうようにしましょう。絶対に、直前で受けてはいけません。「ねえねえ、明日空いてる？」「うんいいよ」なんて会話が交わされるということは、あなたはよほど暇な人です。そのデートを受けていると、彼は暇なときにあなたと会おうとするようになります。

またデートは、最初のデートは別にしても、土日など彼のお休みの日にすることが大事です。3回目、あるいは4回目からのデートは、土日や祭日など、彼が1日とれる曜日にとってもらえないのであれば、不自然です。平日にだけデートに誘われるのであれば、本命ではない可能性だって、その彼女より趣味のほうがずっと大事なことだってあるのです。

よくキャンセルされる女性たちは、「デートはいつでもＯＫ。私はあなたを最優先しているから」という態度でいます。でも、そういう態度が、「私は価値がないから、あなたも軽く扱っていいのよ」というメッセージになってしまうことに気がついていません。

ある女性は、常に木曜日の夜にデートをしていました。彼女は、土曜日に会ったことはありませんでしたが、彼が自分を好きなものと思っていました。でも結局は、彼には彼女がいたのです。

✴

土曜日のデートの場合、水曜日以前までに約束をとり付けてもらってください。水曜日以降に来たデートの誘いには、「ごめんなさい、予定が入ってしまって」と答えてください。決して、「なぜもっと早く連絡をしてくれないの？」などと言ってはなりません。相手が「あ、早くしないとデートできないんだな」と自然に気がつく必要があります。暇なときに直前でいいかな、と思ってもらっては困るのです。

あなたは、近くでいつでも見られる喫茶店に飾っている絵と、ずっと楽しみにしてきて何カ月も前に予約をした絵と、どちらに感動するでしょうか？　男性だって、女性に対して同じことが起きるのです。

また、デートの直前に彼から連絡が来て、しばしばドタキャンされるのであれば、その関係はうまくいってはいません。たとえ女性が彼に文句を言ったりしても、その女性を好きではなければますます彼は離れていくでしょう。そういった関係はすぐに次に行かなければなりません。

ルールズでは、よほど深刻な理由ではない限り、デートをキャンセルしたら、次に行くようにとすすめています。通常、デートをキャンセルするということは、そうあるものではありませんし、女性のなかには、そういった関係を続けた結果、何年も経って別れを言い出された例も少なくはありません。

キャンセルが緊急事態ではない限り、そのことは見過ごせませんし、また緊急事態がしばしば起きるようであれば、どこか嘘があるのかもしれません。あるいは人間的に約束を守れない人なのでしょう。あなたのことを尊重していないのです。

デートは彼が楽しみになるようにしましょう。彼女を手に入れたいな、と彼に思わせなくてはなりません。彼からひどい扱いをされるのは、あなたが望ましくない状態でも断らない卑屈さがつくり出したものなのです。あなたは忙しい女性です。いろいろとすることがあります。彼が何とか捕まえないと捕まらない女性です。

彼はそんなあなたが大好きです。そして、ますます好きになっていきます。

RULE 16

デートは自分からお開きにすること

Always End the Date First

デートは、自分から早く切り上げてみてください。もちろん、それがどんなに難しいことか、私たちはよく知っています。とにかくデートをしたら、最初から長い時間、女性は彼に張りつこうとしてしまいます。それはよくわかってはいるのですが、彼に「もっと」と思ってもらうために、帰る必要があります。

シンデレラは早々に帰ったから、王子様は彼女を探し求める気持ちになったのです。あなたもシンデレラにならなければなりません。

今までの経験で、嫌になるほど一緒にいたのに（そして一緒にいる時間が長ければ好きになってもらえるとあなたは思ったのに)、うまくいかなかったということはありませんでしたか?

そうならば、「もっと彼と一緒にいなきゃ」という方法がうまくいっているかどうか、長い目で見て本当にうまくいっているのか、よく考えてみる必要があります。

早く「帰ります」と言ったら、彼が悲しがるのではないかしら? そう、女性のあなたは、心配するかもしれません。いいえ、逆です。彼だってすることもあるし、いくら楽しいとは思っていても、ずっと張りつかれていると疲れるだけです。それよりも、「もう少し」というときに帰っていかれると、よい思いだけが残るでしょう。

デートでも、「もうそろそろ失礼します」と言わなければなりません。明日早いので、今日は遅くなってしまいました、どんな理由でもかまいません。楽しくお話をしたら(そして話題は感傷的なものにはしないこと!)、ちらっと時計を見ましょう。

彼があなたに関心があれば、こうすることによって何か物足りない感じが残ります。そして次のデートを考えたくなるのです。

RULE

17

言うべきことは丁寧に明確に伝えること

Say Yes or No Clearly and Politely

日本人の女性のなかには、積極的ではないと、お付き合いができないと考えている方もいらっしゃるようです。でも、積極的に自分から話しかけてもうまくいかないことも、みなさんにも、ご経験があることでしょう。

とても消極的なのであれば、まずはもう少し「派手目」なおしゃれをしてみてください。頬紅などを足して、明るく見せてください。ご自身の性格は変わらなくても、お化粧を変えるだけも、雰囲気が変わることがあります。服装も保守的なのかもしれません。肌を見せて、きれいだな、声をかけてみたいなと思わせる工夫をしましょう。

消極的で恋愛がうまくいかない女性たちにとってとくに大事なことは、ルールズを守りつつも、適切な事柄については、はっきりときちんとお返事をするということです。たとえば、デートに誘われても曖昧な態度を返すのはおかしいですし、水曜日までに次の土日のどちらかに誘われたのであれば、明確に簡潔に「ええ、行ってみたいです」「よろしくお願いします」と意思表示してください。要するに、断るときには断るけれど、「ルールズにあっているのであれば」明確にお返事できる力を養ってください。

ルールズに叶っていなくて断るときにも、「ありがとうございます。でも残念ながら、その日は行けないんです」と明確に表現する必要があります。たとえば金曜日に土曜日のデートに誘われたならば、「とても残念です。もう予定が詰まってしまっていて」と、予定が詰まっていることを明確に示します。ぐずぐずしていると意図がわかりません。

積極的になるということは、好意をあからさまに示したり、短く答えられることをわざわざ長い会話にすることではありません。意思をはっきりさせることを学ぶことです。

相手の目をシッカリ見て話すこと、イエス、ノーが明快であること、素敵な微笑みをつくれること、自信を持ってそれらができていくように工夫をしてください。女性としての魅力がそういう行動によって増してきます。そしてルールズに則って誘われたらちゃんとお誘いを受けることが大事です。

男性は「得られそうで得られない、でもチャレンジしていくと得られた」という過程が大好きです。これはゲームやスポーツなどにも表れています。ルールズガールズは、得られなさそうで、本当に得られないというわけのわからない女性ではないのです。

また、日本の女性たちには、「気遣い」という独特の文化があります。もちろん、アメリカにも気遣いはありますが、日本人とアメリカ人の違いもあることに気がつきました。アメリカの女性たちの大きな問題は、何でもかんでも、しかもそれを怒りながら言ってしまうことです。ある女性は、2カ月お付き合いをしたのち、彼が「家でゆっくりしない?」と言ったとたんに怒りを吹き出しそうになって、相談してきました。いままでの彼女であれば、「私は外で食事をしたいのに、どうせお金を使いたくないからよね」と怒り出すところでした。自分の意のままでないと、大切にされていない気がしたのです。多くの女性が恋愛ではとてもわがままになってしまい、関係が複雑になっていきます。

でも日本では、自分が「嫌だな」と感じた事柄に対して、我慢をしてしまうこともあると聞きました。気遣いをする女性たちは、いつも自分が気遣いをしないといけないような気になったり、ルールズを学んでしまうと、何も言ってはいけないのではないか、嫌われるのではないか、といった、極端な感じとり方をする傾向があるのです。

彼とお付き合いをするようになって、デートの内容が不服であれば、「こちらのほうがいいな」と意思を伝えてください。伝えた後で彼がどうするかは、彼が決めます。何かを無理やりにやらせるという思いはいけませんが、だからと言ってすべての表現をしないというのは、偏りがあります。丁寧に伝えるのでさえ嫌われると思うのであれば、ルールズを間違って使っています。「おうちもよいけれど、私は外に行きたいわ」と言ってみましょう。彼がそれを受け入れてくれるかもしれませんし、彼は疲れていたり、ただ不機嫌に返事をしているだけだといったことが、わかることもあります。

ルールズでは、彼が「近くに来て」とルールズ違反の提案をしてきたときに、「家に迎えに来てくださる?」と言うようアドバイスしています。これはアメリカでは男性が女性を車で迎えに行く習慣があるからです。

日本では、たとえばデートのお誘いで相手の近くを提案されたら、「あら、それはいいですね。でも〇〇(もう少し近いところ)ではどうですか?」と提案してみましょう。相手がそれに対して違う意見を言ってきたり、機嫌が悪くなるのは、あなたが悪いのでも、あなたを嫌いだという意味でもありません。正しく伝えることをおびえてはなりません。

日本の女性たちは伝えないがために、それが後々大きな恨みになって、時間を経て「どうして気遣ってくれないの、でも言ったって無駄だしね」という気持ちが強くなってしまうことがあると聞きました。恨みが凝り固まれば、熟年離婚される方もおられるそうですが、そういった意思を伝える訓練も、あなたが尊重されるためにも、家庭生活で満足のいく生活をするためにも、とても大切なのです。私たちだって意思を伝えます。そして相手が決めたことも尊重をします。自分が全部を我慢することがよいこととは思われません。ルールズでは、言いたいことを丁寧に簡潔に伝えることを重視しています。

RULE 18 ルールズを守れないときは、自分と向き合うこと

Think About Why You Won't Do The Rules

ルールズを実践したいと願うにも関わらず、守れない女性たちがいます。

1日中男性に怒鳴っていたり、あるいは、すぐにセックスをして気を引こうとしたり、彼が去っていくことが怖くて全部の要求を聞いてしまったり、メールやLINEなどで長く彼とつながっていないと不安になったり……その女性たちはさまざまな問題を内面に抱え込んでいます。そのため、大切にされない関係に甘んじているのです。

これらの女性たちの話を聞いていると、家庭環境に問題があったり、母親が甘やかして、いい学校に行くことや習いごとには熱心だったのに、人としてのお付き合いの基礎を学んでいなかったりします。ルールズ以前に人間関係の基礎がよくわかっていない人

もいます。その結果、よくない男性ばかりを引き寄せている女性もいます。
私たちは、その人たちに、以下の3つの作業をしてもらうことにしています。

1．向き合うこと

今までのダメな経験を、「私がダメだったから」「あれはダメな関係じゃない」「こんなふうに扱う人がいるのは、当然のこと」などと逃げるのではなく、「これは私が心から求めている関係ではなかったんだ」と客観的に認めて、向き合うことが大事です。

2．自分の歴史をたどること

このように自分が偏った行動を起こしたり、偏った関係性を築くのは、わたしが過去に見てきた人々から学んできたことなんだ、と自覚をします。誰からどんなことを学んだのかを意識してみましょう。

3．削除すること

「私は、なぜこのようなことが起こるのかに気がつきました。そのため、もうこのような男性を、心のなかからも、彼氏候補からも今後は削除します！」と決断することで、そういった問題が少なくなるか、そういった人々と関わらなくなります。

ある時期、ある女性が、医師とだけ関わっていることに気がつきました。しかし、いつもうまくいきません。彼女はそれまで、自分が相手を選んでいることに気がついていませんでした。

彼女は、ご自身のお父様が医師であり、どこかで父親の愛情を求めていたことや、自分には価値がなくて、お父さんと同じような人が好きになってくれたら自分に価値が出ると、思い込んでいたことに気がつきました。

それからというもの、彼女は自分の考え方を変えようとしました。お父さんにではなく、自分自身に価値があると信じたのです。

そこから彼女のお付き合いをする人々の幅が広がっていきました。そして、彼女は素敵な男性と結婚をされました。

Chapter 4

お付き合いのルールズ

The Rules for Dating

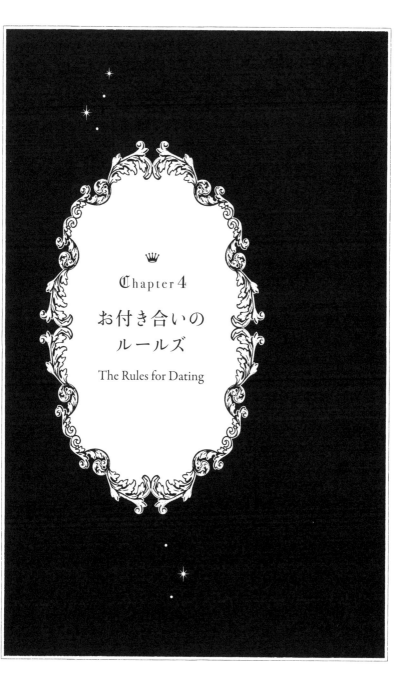

RULE

19

付き合うまでは、複数と出会っていくこと

Date Others Until You are Exclusive

気になる人と1人出会っても、まだお付き合いすることが決まっていなければ、さらにたくさんの人と出会っていってください。もっともっと素晴らしい男性と出会えることもあります。

さらに複数の人々を視野に入れておくと、1人の人に時間をかけすぎる無駄を省けますし、自分の気持ちも安定して、ほかの男性に上手にルールズができることもあります。

1人にしがみついているときには、その人に集中しすぎて、その男性からあまり好かれないと動揺をしすぎたりしてしまうようでも、ほかの男性も視野に入れることで、挙動不審な相手への行動が抑えられます。

いろんな面でルールズを自然とできやすくなるでしょう。そのようにしていたら、かえってその気になる男性に好かれてしまうこともあるかもしれません。けれどももちろん、私たちが複数の人に出会っていくのをおすすめするのは、ある特定の1人の男性の興味を引くためではありません。本気でその女性にふさわしい人に出会っていってもらいたいからなのです。

また1人の人と確実にお付き合いが決まってないときに、ほかの人とも出会うことは、恋愛の正しい進め方でもあります。女性たちがどんなにこの彼がいいと泣いたところで、じつは素敵な新しい彼を見つけて幸せになれば、すぐに前の悲しさは吹き飛んでしまいます。

✦

1人の人にしがみつくのは、その人しかいないと信じ込んでいるからです。そう信じ込んでいるのであれば、他の人には出会えないでしょう。そして同じように、ふさわしい人と結婚をして幸せになる、と信じていれば、その通りになるのです。

ルールズは「ふさわしい人と結婚をして幸せになる」ためにあるのです。これを実現するために、あらゆる可能性に自分を開いておきましょう。

RULE 20
友だちから恋人になってもルールズを守ること
Continue The Rules After Your Friend Becomes Your Boyfriend

友だちのときには彼が自分を好きでいてくれたのに、恋人になったらとたんにうまくいかなくなった、こんなこともよくあります。友だちとして自分が相手を好きではないときには、普通にルールズのような行動ができていたのに、相手を好きになったとたんにできなくなってしまったからです。

電話をかけたり、なんとかデートをしてもらおうとしたり、果てにはいつ結婚できるのか問いただしてみたり。いままで友だちであったからこそ魅力的であった女性が、とたんにつまらない女性に成り下がってしまうこともあります。友だちから恋人になったときこそ、前と同じ態度でいてください。それ以上にルールズを守ってください。

好きではない男性には自然とルールズをしていて、好かれているということはよくあります。何人かの男性とデートをしている魅力的な30代の女性がいました。

ルールズのことは知っていましたが、一番好きな彼には、優しくしてあげなきゃ、私が連絡をとらなきゃ、と思っていたために、ルールズを使わずにいました。この時期、ある1人の男性が熱心に彼女に言い寄ってきました。もちろん彼女は彼にはあまり関心がなかったので、自分から連絡をとることはありませんでした。しかし本命の彼に振られそうになったときに、彼女はとても寂しかったので、本命ではないこの男性に急にすがりだしました。

それからというもの、その本命ではないほうの男性からの連絡も途絶えました。そのとき彼女は、その本命ではないほうの彼が愛してくれているのがとても心地よかったことを自覚し、後悔をして私たちに連絡してきました。もう少し早くルールズをしていたら、彼女は彼を失わなかったことでしょう。

友だちから恋人になってもルールズを使ってください。それと同時に、私たちは、何がどうなるかわからないのだから、どんな男性にもルールズを使うようにとすすめています。というのは、ルールズでは相手の男性に深く愛されます。すると、愛してくれる人を好きになることも、女性にはよくあることだからなのです。それほど大事にされるということは、女性たちにとって心地のよいことなのです。

RULE

21

デートは自分に近い場所を指定すること

He Must Come to Where You Live!

デートの場所は、自分に都合のよいところを指定してください。彼の家に近いところや彼の都合のよい場所に時間をかけて行ってしまうことは、望ましくありません。

アメリカでは、飛行機に乗って何時間もの場所に住んでいる人同士の恋愛もあります。でも結局は彼が近くに住んでいようとも、遠くに住んでいようとも、あなたの都合がよい場所に彼に来てもらう必要があります。

もちろん、「なんでこっちに来ないの?」などと言う必要はありません。「こっちへ来て」と言われたら、「行く機会があると素敵ね」「ちょっとその日程ではそこまでは行けなくて、ごめんなさい」程度に返事をして、行かなければいいのです。基本として、そこまでするほど男性に必死ではないし、忙しいので、というスタンスが重要です。ですが、女性のなかには、それを逆に男性にされてしまっている人もいます。

「ごめんね、仕事でそこまではいけないかな、来てくれるとありがたいんだけれど」と彼に言われて、女性のほうが出向いてしまうのです。インターネットの出会いなどではとくに、海外から日本人の女性を呼んではデートをしている男性もいるくらいです。そういう男性の場合、通常は複数と付き合っています。

じつはルールズガールズのなかでも、彼が遠方から来てくれるかどうか心配に思う人もいます。でも、ジェイコブは飛行機に乗ってジェニーに会いにきましたし、60キロの距離があるにもかかわらず、毎週運転をして女性に会いにきた男性もいます。もちろん、その女性は彼と結婚をしました。

だいたい収入が高くて社会で成功をしている女性たちほど、恋愛で失敗をしてしまう傾向があります。医師のナタリーは、彼に来させるのが気の毒で自分から彼を訪れていました。仕事でそちらに行く都合があるから大丈夫、と彼女は言いました。

おまけに食事の代金も、彼女のほうが収入が高いから、と支払っていました。彼女が王女様のように扱われなくなるのは時間の問題で、当然でした。彼は都合のいいときだけ彼女に連絡をするので、彼女はいよいよルールズをする決心をしたところなのです。ルールズを使えば、彼が彼女をとても大切にするようになるのです。

RULE

22

デートは週に2回までにすること

Don't See Him More than Twice a Week

男性が女性に関心を持っていても、あまりに早く与えすぎると、関心が減ります。そして飽きてしまいます。ですから、デートは週に2回までにしてください。週のうちに何度も会っていると、結婚をしようという気持ちが失せてしまいます。一緒にいて楽しいのは、結婚後でいいのです。ルールズは1年か2年の短期で男性がその女性を大好きになり、結婚を申し込む方法ですから、従った報酬は大きいのです。

理想的には毎週1、2度会えることですが、忙しいなど事情が彼にあるにしても、彼があなたと会いたがり、それを言うだけではなく、実際にあなたと定期的にデートをしなければルールズではありません。

RULE 23

ロマンチックなプレゼントがないなら、お付き合いをやめること

Stop Dating Him if He Doesn't Buy You Romantic Presents

誕生日やクリスマスに彼からもらうプレゼントが、花やアクセサリーといった女性を意識したロマンチックなものであることは、とても重要です。女性として関心があるかどうかがわかるからです。もちろん、ロマンチックなプレゼントに加えて、ほかのものがあるときには、それは問題がありません。

誤解をしないでほしいのは、私たちは高価な品物をもらうことが重要だ、と言っているわけではないということです。金額ではありません。とても高い文房具よりも、花束のほうが、その男性はあなたを女性として見ているのです。高価な実用品は、お礼の気持ちである場合もあるし、それよりもかわいらしいものを彼が用意してくれていたほうが、あるいは、お金がなくても喜ばせようと誕生日のカードを一生懸命に書いてくれたほうが、その女性を深く愛しているのです。

ですから、自分が想像したものより安いアクセサリーでも、「こんなもの、嫌!」と怒ってはいけません。もちろん、実用的な文房具をくれたとしても、文句を言うのが失礼なことは、言うまでもないことです。礼儀正しく「ありがとう」と言うのが筋道です。

しかしロマンチックなプレゼントではなければ、お付き合いをやめてください。さもないと、付き合っても途中でダメになったり、彼にこうしてほしいと不服を訴えるのに、彼はそれをしないという関係であり続けるでしょう。ルールズでは、ほしいものを与えてくれる関係に力を注ぎます。ほしくないものを与えようとする人を変えようと必死にならないことが、大事です。

ただし、彼は高いアクセサリーだと言ったけれど嘘だった、というようなことがあれば、嘘つきなのかもしれません。賢明に相手を観察してください。

注意点としては、社会的に成功をしている男性が、高額でロマンチックなプレゼントをくれたとしても、結婚の意思がなかったり、愛人になることを望んでいるようであれば、ルールズガールズはやはりお付き合いをしてはいけないということです。

また望みのものがもらえないからといって、「私を愛していないの?」と言うのもダメです。文句を言って無理にロマンチックなプレゼントをもらって何になるというのでしよう！　それは一時的な気晴らしになるかもしれませんが、どうせそんなことをしたって、彼から大事にされていないと不服を漏らし、さらなる要求を別の機会にするようになるだけの話です。大事なことは、彼が大事にしてくれている気持ちです。そんな気持ちに彼がならないのであれば、彼に怒ったり請求をしたりせずに、きちんとそれを見届けて対処をしてください。次の人を探し始めるのです。

また、積極的にはプレゼントしないようにしてください。高いものをあげて喜ぶのは、それは「もの」がうれしいのです。男性が女性を得たいという気持ちが高まってくれば、たとえ些細なものでも、好きではない誰かからもらうより彼もうれしいでしょう。

プレゼントを彼にあげるときには、彼からもらったプレゼントよりも控えめなものにしてください。そして品物は、彼の喜ぶものにします。ただし、あまりに感傷的なもの、思い出の品や、２人の未来を築いていきたいというようなことを想像させるもの、彼のためにずっと書き込んできた詩集などは望ましくありません。そういった感傷的なものは、彼は礼儀で喜びはしますが、もらっても迷惑なこともあるでしょう。

それよりも、彼に好みのスポーツなどがあれば、そのスポーツ用品は喜ばれるでしょうし、好きなスポーツのチームなどがあれば、そのチームのＴシャツもいいでしょう。彼の趣味の品物や、食事をつくってあげても素敵です。そういったあなたの心遣いもうれしいでしょう。

RULE 24

デートではお酒を飲みすぎないこと

Don't Drink Too Much on Your Date

デートでお酒を飲みすぎることは、ルールズガールズがすべきことではありません。酔っぱらってしまうと気が大きくなり、ルールズを破ることが多くなるでしょう。お酒の勢いでセックスを早くしてしまい、飽きられてしまった女性もいます。酔っ払いすぎてした失態がもとで、次のお誘いがないことだってありえます。

成人したら、自分がいったい何杯までお酒を飲めるのかを知っておかなければなりません。大人になるためには、女性には、正しい自分の律し方を知ってほしいと思います。お酒が強い人でも、酔わないからと、お酒をがぶ飲みしてよいものではありません。ロマンチックなデートにはなりませんし、そもそも美しい姿でもありません。デートでは控えめにしておきましょう。

男性といて緊張のあまり飲んでしまった人もいます。でも「緊張して手が触れてしまって、きっと彼から嫌われてしまうわ！」と泣きながら私たちに電話をかけてきた女性だって結婚をしていったのです。ルールズをしていたら、緊張をしていても失敗をしてもかまいません。緊張を解こうとお酒をあおらないでください。ストレスがたまってい て、彼と楽しい夜を過ごそうとしすぎて飲んでしまう、ということもあるでしょう。

そういったストレスは彼に解消してもらうのではなく、自分で整理をしていくべきものです。恋愛の失敗は、そもそも、「彼になんでも解消をしてもらう」ドクターのような役割を負わせてしまったことが原因だということもあるでしょう。

また女性のなかには、酔っ払って隙を見せて男性から誘ってもらおうとしたりする人もいます。そういう場合、すぐに飽きられてしまうような関係しか築けなかったりもします。酔っぱらって自分から彼にしだれかかって誘惑をしたような関係は、彼は愛情からは関わってはくれないのです。

アメリカでは大学構内でもレイプ事件があり、そこに用いられるのはお酒などの飲み物です。お酒の飲み方は注意が必要です。雰囲気に呑まれてしまうのはよくありません。

ルールズは、古い考え方を持っていると言われることもあります。でもそういったオーソドックスな知恵も、大切なのです。

RULE

25

セックスを早まらないこと

Don't Rush into Sex

セックスをいつ頃するのかは、年齢にもよります。男性が女性を好きならば、「宗教上の都合で結婚まではしない」と言った女性でも、結婚まで待ってくれた男性もルールズガールズのなかには何名かいます。

セックスが年齢によるとは言っても、いくら成熟をした女性であったとしても、少なくとも、1回、2回のデートでセックスをしてはなりません。相手をちゃんと信頼できるまで待ってください。主導権は女性側にあることを、しっかり受け止めておきましょう。

1回で打ち解けすぎてセックスまでしてしまったら、その女性に十分な関心が育っていないのですから、その女性を軽く扱うようになります。恋愛の対象にはもうならなくなることとさえあるでしょう。主導権は女性にあるので、最初のデートや2回目のデートでは、2人きりにならない、暗がりに行かないなどの自制心が大切です。

✦

男性に利用されたり、尊重されなくなる理由は、「私を大事にしてくれる?」「遊びじゃないでしょう?」などと聞いてすべて男性任せにし、セックスを早まってしまったりするせいです。それは男性に決めさせることではなくて、自分が嫌ならば「文句を言うならばこれまでよ」という態度を示していないからなのです。つまり相手に任せて相手のせいにしておこうというずるい心理や、どうしてもその男性を失いたくない弱さが働いているためでもあります。

要は、この人しかいないと思って卑屈に行動をすれば卑屈な恋愛になるし、「必ずいい人が来るし、大丈夫。私は価値がある女性だから」と落ち着いて行動をすれば、そういう結果を生んでいきます。

セックスをしないと彼が怒って終わりになるのであれば、彼はセックスにしか関心がありません。怒っても好きならば連絡をしてくるものです。

ルールズのクライアントのなかにも、早期のデートでセックスができないと断ったところ、相手がなぜセックスができないのか、と怒ったのに、結婚をしているカップルも何組もいます。
彼が2回目のデートで、彼女と2人きりになれないと怒り出したとき、その女性は大変心配をして、彼とうまくいかないんじゃないか、ルールズを続けてよいものか、と電話をかけてきました。もちろんです、続けてください、と私たちは伝えたのです。

男性と女性はとても違います。男性にとってセックスは女性と出会う大事な動機の1つです。彼女が大好きであれば、したいのはもちろんのこと、関心がなくてもセックスをしてしまいます。

まだ十分に彼を知らないのにそういった行動に出てしまえば、いろいろな問題が後程起きてきます。女性は関係を持ってしまうと、とたんにその人に特別な感情が湧くようになります。セックスを先にしてしまうと彼に情熱はそれほどなくても、彼が会いたがったりしますが、それも長続きしないこともあります。そのように、好きになってもらえていないのにセックスをしてしまうと、そのとたんに彼はあなたに関心がなくなってしまいます。そんなことになれば、あなたが傷ついてしまいます。

セックスの在り方は、女性と男性の違いを如実に表しています。最初に情熱を感じ、オーガズムまでが早く、そしてその後気持ちが冷めていく男性と、体の関係を持つまでに安心感が必要で、その後に愛情が深まっていく女性とのあり方の違いは、生物学的に臨床されています。

お付き合いでも男性は、情熱的になるのが早く、下手をしたらそのまま冷めてしまいます。追い求める性である男性の性質は、よく理解をしておかなければなりません。

もちろん、女性もセックスが好きであれば、これはとても大変なルールです。しかし、大切な関係を築くために、とても有益なルールです。

✦

通常、20代半ば以降のきちんと成熟している女性なら、定期的なデートがあるという条件のもと、1、2カ月は待ってください。でもデートの回数が少なければもう少し待ってもいいでしょう。

10代後半~20代前半であればもう少し時間をかけていいでしょう。

なお、セックスをその彼としてしまった女性たちが、ルールズを読んで後からセックスをしないことで愛情を深めようとすることがありますが、それは意味がありませんし、効果がありません。1回してしまった以上、彼は彼女を知っているのです。もし彼の気を引きたいのであれば、会う回数を減らすなど、ほかの方法を考えてください。

そのように考えると、やはり最初が肝心なのです。

RULE 26

セックスだけの誘いには乗らないこと

Don't Accept Any Booty Invitations

ルールズに従っていたら間違いはありません。だから守ってほしいと私たちは願っています。ですが、ルールズを守れずに、セックスをしてしまった後に、彼から呼び出されるたびに出かけてしまう女性たちもいます。

彼女たちは、「いつか彼は私を好きになってくれる」「彼は私を好きだけれど、忙しいから急に呼び出すだけ」などと言い訳をします。体の関係だけでも、呼び出されるのは自分に関心があるからと、女性たちは信じたくなるのです。でもこんな関係であれば、彼の本命はほかにいるかもしれないし、とても悲しい目に合ってしまうのです。

お付き合いをしていた彼と別れた後で、その彼とこのような関係になってしまうこともあります。急に夜電話がかかってきて、「今日会える？」などと言い出すのです。お付き合いをしているときに大切にされていた記憶があるとしても、このようにセックスをするときにだけ呼び出されるのであれば、もはや愛情は残ってはいません。

もっとたちが悪い人だと、いつか付き合うようなことを言って女性を引きとめたりします。でも付き合っていくうち、なぜ彼女になれないのか、デートがないのか、正式な場所に彼女として連れていってくれないのか、と疑問を持ち深く傷つくようになります。

じつは、こうしたことが起きてしまうのは、セックスだけの誘いだとわかっているのに、会話をしてしまう女性の弱さが原因です。良識的にいい関係を築ける女性たちは、こういった会話には見向きもしないもの。そんなお誘いのメールが来たところで削除をするか、無視をするか、相手にしないものです。ですが、それができないのです。

相手の男性だって、セックス目的でメールをするときには、別に断られてもいいという程度にしか思っていません。セックスだけの関係でつながっていると、相手は思いやりがなく自分の思い通りにならないと切れたりします。

夜急に誘い出すとか、セックスだけをしたいようなお誘いに、一切返事をする必要はありません。そのような関係になろうという提案は、無視しましょう。「ごめんなさい、こうだから会えないの」と言ってしまえば、彼はほかの言い訳をして、結局は彼の言いなりになってしまうのです。そういった関係は、決してルールズではありえません。

RULE 27
同棲はしないこと
Don't Live with a Man

同棲をしてしまうと、長い年月を経た後でまったくうまくいっていないことに気がつく方もおられます。同棲は楽しいと思われるかもしれませんが、そこから結婚をする人よりも関係が終わってしまうことのほうがはるかに多いのです。

関係に飽きてしまうという問題も起きます。結婚をしていたらなれていたはずの居心地のいい女性には、なれない部分も出てくるでしょう。男性にとっても、一緒に住んでいると、その女性を追いかけることも結婚する必要もなくなってしまいます。

同棲していると結婚のことが気になってぶつぶつ言い出し始めてもしまうでしょう。早期で結婚を彼に決めてもらう方法としては有効ではないのです。同棲をして関係が終わってしまえば、もう後には何も残っていません。十分にその女性を知ってしまった後なので、やり直すといったってその女性に対して新たな関心もありませんし、最初の情熱は戻らなくなるでしょう。

この女性と暮らしたい、一緒にいたい、という気持ちが彼に結婚を決心をさせることを忘れてはいけません。とにかく一緒に暮らすのは、やめてください。結婚までの時間がかかりすぎてしまうか、飽きられてしまうか、ろくなことにはなりません。

次の例は、最近、起こったことです。彼女はルールズを守っていました。でも、7カ月ルールズを守って、彼から「一緒に住もう」と言われて、断ることができませんでした。すると同棲をして2カ月後から、彼は退屈そうな態度をとるようになったのです。もう土曜日もデートをすることがなくて（なにせ一緒に暮らしていますからね）、セックスは情熱を欠くものとなっていきました。そしてあるとき、彼は彼女に「今日はセックスはやめてゲームをやりたいんだけれど、いいかな？」と言ってきたのです。

いろいろな出来事がありすぎて、彼女はパニックになってしまいました。彼女はそのときに、もう尊重されていない、と悟りました。そのうえ、彼女は38歳、彼は40歳でもう時間的な猶予がないというのに、彼は、「来年までもし一緒にいたら、結婚のことでも話し合おうか。子どものこともあるしね」と彼女に告げたのです。

もしですって？　来年になったらどうなるというのでしょう！　ますます結婚できな

い可能性が高くなるかもしれません。彼女は泣きながら私たちに電話をかけてきました。私たちのアドバイスはこうでした。「すぐに家を出なさい」。彼女は、抵抗しました。「何もかもそこにあるし、他に住むところはないし、無理です」と叫んだのです。

とりあえず私たちは彼女に、「仕事が忙しいので、仕事場の近くの女性のところに泊まるから」ということにして今夜は帰らないように、と伝えました。ルールズを完全に守れないときには、「それに近い行動」をしてもらうことが重要です。

彼女がそのことを彼に伝えたところ、彼の反応はこうでした。「なんだって？　仕事がそんなに忙しい？　そんな訳がないだろう」。でもとりあえず、彼女は家を出たのです。次の晩も、「なんだか知らないんだけれど、時期的なことだと思うのだけれど、忙しいのよね」と言って、ホテルに留まるようにと伝えました。彼はひどく心配をして、「誰かほかの人と会っているの？」と聞くようになりました。「忙しいなら車で迎えに行くからさ」。

彼女は私たちのアドバイスに従い、「ありがとう、でも大丈夫だから迎えにこないでね」と伝えました。そしてこう伝えたのです。「本当に忙しいの。それとね、最近、私たちの関係ってうまくいっていないように思えるのよね」。

彼女が本当に伝えたかった言葉は次です。『だって、デートもないし、セックスも減ってきているし、結婚の話だって出ないじゃないの！』。でも、こう言ってしまうことで何が起こるでしょうか？　長い長い話し合い。そのあとうまくいかないこともありますし、たくさんの葛藤も抱え込んでしまいます。

でも、彼女はそうはしませんでした。結婚のことを言い出すのは男性の役目。結婚の話は、絶対に女性から持ち出してはいけません。ルールズに従ったのです。

彼は激怒して言いました。「なんだって？　週末だけ会う恋人とか、そんなのじゃいやだから、真剣に付き合っているから、一緒に住んでいるのに、それがわからないの？」

彼女はここでくじけそうになりました。『ごめんなさい、怒らないで。すぐに戻るから』。彼女はそう言いたかったのです。でも、私たちは長年の経験から、ここでくじけてはいけないのを知っていました。考えてもみてください。7カ月もデートをして、そして一緒に暮らしてまでいるのです。もはや本当は結婚をしたいかどうかもうわかっているのです。それに年齢のことがあります。このまま待ち続けていたら、彼女は子どもを産めなくなるかもしれないし、何年も待っていたら、いずれ彼はほかの女性がよくなってしまうかもしれません。もう時間は無駄にはできません。それから5日ほどして、彼はプロポーズをしてきました。そして2人で指輪を買いにいったのです。これはほんの一例ですが、私たちはこの効果を知っています。同棲は憂慮すべきことです。

また、彼の家に行くようになっても、彼の家に自分の持ち物を置かないようにしましょう。生活臭のするものは、結婚してから初めて分かち合うものだからです。きちんとした距離感があると、男性は追い立てられることなく、安心して結婚を申し込めます。

RULE 28 交際3カ月未満で旅行に行かないこと

Don't Travel with Him until Three Months/ Exclusive

最初の情熱はどこへ行ってしまったのでしょう。女性たちはよくそう聞きます。男性は自分が好きになった女性を夢中で追いかけるうちに、どんどん好きになっていくのです。最初から興味が薄い人に無理に自分から関わりをつくってしまったり、最初は情熱的だったのに、自分が追いかけてその関係をダメにしてしまったことが、大きな原因です。

旅行は、私たちが最も恐れるものの1つです。

現にルールズガールズが、彼と一緒に1週間も旅行に行く、と言い出したら、それは力づくでも止めます。どんなに素晴らしい旅行だとしても、旅行をして飽きられるリスクを冒してしまうより、彼にもっとあなたと一緒に居たいと思わせて、プロポーズをさせることのほうが重要だと私たちは思うからです。

通常なら、お付き合いが始まって3カ月も経てば、1日、2日、一緒に居られる程度の旅行であれば大丈夫です。しかし長い旅行をすると、その後で、彼があまり熱心に会いたがらなくなることはあるでしょう。

彼女と一緒にいたいのであればプロポーズするしかない、ということが、男性にはプロポーズをする大きな動機となります。

女性はもっともっと信頼関係が築けたら、もっと一緒にいたらプロポーズをする、と思ってしまいます。たしかに、長年一緒にいて結婚した人がいる、と言う人もいるでしょう。でも彼の意思で情熱的に結婚を決めてほしいのであれば、ことは時期を外してはならないのです。

RULE 29

彼の家族や友だちに自分から会おうとしないこと

Don't Try to Meet His Family Until He Brings It Up!

男性は自分で物事を決めたいものです。強制すればするほど、かえって時間がかかったり、逃げ出したくなったりします。彼が自分から友だちに会わせようとしたり、家族に会わせようとしたりではない限り、結婚につながるからと思って自分から家族に会っても意味がありません。結婚ができるどころか、自分からあまり会おうとするとプレッシャーを相手にかけてしまいます。彼のお母さんを味方につけて、彼の兄弟と親しくなったら私と結婚するはず、という考えにごまかされないようにしましょう。

また、自分の家族を彼に会わせるのも、結婚を急かされているというプレッシャーがかかるものです。要は彼が何も決めていないのに、自分から動こうとしないことです。

RULE 30

ときどき連絡をとれなくすること

Disappear in between Dates

いつも連絡をしているのはあなたで、彼と連絡がとれないことのほうが多いでしょうか？　どうしても立場上、連絡をする人のほうが下になり、連絡がとれない人のほうが上であるかのような錯覚に陥ってしまいます。

ルールズでは、すべての連絡をすぐにとる必要はありません。ときどき重要でないことは返事を返さないでください。これは、男性では「普通のこと」です。本当に返事をしなければならないことにのみ返事をするのは、実務的に良識の範疇です。失礼なことではないのです。でも女性は失礼だと考えて、会話の端々まで返事をしようとします。でも恋愛では、その親切心がかえってうまくいかせなくしているのです。

そして、ときどき「消える」ことはとても効果的です。たとえば、お友だちと旅行に行ったり、家の用事でどこかへ行って連絡がとれない時間をつくるのです。あなたが常に忙しそうにしていると、男性が熱心になってくることに気がつくでしょう。

ある日本人の女性は、常に彼女から連絡をしていました。いつも彼の仕事が忙しすぎると文句ばかり言っているうちに、彼はますます忙しいと言い始めました。

けれどもルールズを初めて、話を短く、そして、ときどき連絡を返さないようにしたところ、「怪しいなあ、何やっているの?」と彼は彼女に関心を示すようになりました。そして、彼女に優しくするようになってきました。彼女は、「最近、忙しくてごめんなさい」と答えるだけでしたが、あれほど忙しかった彼が、ディズニーランドに誘ったりしてくれることが増えてきました。彼が熱心になってきたのです。

連絡がとれないことは不誠実なわけでもなければ、だらしないわけでもありません。その男性中心に世界が回っているのではなく、自分の時間をしっかりとれている女性だというさわやかな印象を相手にもってもらえます。それにとてももてる女性だと彼は気づくでしょうし、もっと彼女のことを追いかけることもあるでしょう。

そもそも、自分から連絡をしないとまったく相手が連絡をしてこないのであれば、これはもはや恋愛になっていないので、次に行かなければなりません。

RULE 31 彼のために人生を棒に振らないこと

Don't Ruin Your Life for Him

女性は恋愛に熱心になってしまうと、あらゆる行動を彼のために選ぶようになります。自分のコミュニティをやめて、彼に合わせてしまい、共通のコミュニティしかなくなってしまった女性たちもいます。

ジニーにはたくさんの友だちがいました。でも新しく知り合った彼は、スノーボード仲間とよくスノーボードをしています。彼女もスノーボードをするようになり、だんだんと自分のコミュニティから彼のコミュニティに場を移すことになりました。

しかし彼は、いつも彼女と一緒にいて、気づまりになってきました。彼と彼女は喧嘩が多くなり、そのうちに彼女は仲間たちとも話しにくくなってしまいました。彼が彼女の悪口をフェイスブックで言い始めたからです。

問題は、彼女にはすでに、すべての友人関係が彼と共通のものしかなくなってしまっていたことでした。彼女は彼と友だちをいっぺんになくしてしまったのです。

進路を彼のために変えてしまったり、彼の家の近くに引っ越してしまうことは、同じように避けなければならないことです。

結婚が決まってもいないのに、何の約束もないのに、期待をしてそちらに移ってしまうと、後々困った問題が生じてくるものです。まずあなたが彼のために引っ越したということ自体が、相手の重荷になります。そして関係がうまくいかなくなったときに、あなたの人生がとりかえしのつかないことになってしまうのです。

RULE 32
諦められない彼がいてもルールズを始めること
Even if You Can't Give Him Up, You Must Start The Rules!

いまあなたに片思いの彼がいて、どうしてもその人ではないと嫌だ、諦められないと悩んでいるとしましょう。

あなたはいままで、ありとあらゆる手段を用いて、彼にアプローチをしてきたかもしれません。そばに行ってみたり、ときどき彼を誘ってみたり、でも一度もデートすることができずに、ただの友だちのままのこともあるでしょう。

あるいは食事には行けたけれど、その後に誘われなかったのかもしれませんし、デートを何回かは重ねているのに一向に進展がなかったり、体の関係を持ったのにまったく彼が熱心になってくれないとか、彼女にしてくれないのかもしれません。

どんな状況であれ、いままであなたのほうが頑張ってきたのであれば、いまの状況を冷静になって考えてみましょう。何も変化していないのに、あなた1人だけが心配していて、どうにかしようと考えていたりはしないでしょうか？

もしそうだとしたら、どうしたらいいのでしょうか？

そんな場合でも、ルールズを始めてみてください。まずほかの人と出会っていくことが大切です。彼に対しても、いろいろな人に会っていくのは楽しいわ、というようなことを伝えてもいいでしょう。

お見合いサイトに登録をしようかな、などと言ってみて、彼はどんな反応をするでしょうか。もし彼があなたを好きならば、わけのわからないことを言い出します。「サイト？　そんなの変な奴ばかりさ（かどうかはわかりません）」「どんなやつなの？」「そういう人ってこういうところがあるよね（と知りもしない癖に！）」。そこで彼にあなたへの関心があることがわかります。

また、いままで彼にちょっかいを出していた回数を減らし、自分のために時間を使うようにしてみてください。彼と外で遊ぶこともあるなら、それをやめてみることだって効果的です。なぜなら、あなたはほかの人にも出会っていかなければならないからです。

いずれにしろ、関心があるとわかったとしても、その後にあなたを誘うかどうかを見てみましょう。もしそこまででその先がないのであれば、あなたと付き合うほどの関心がないのです。彼はあなたのことを、お友だちとしか考えていません。

もしどうしても諦めがつかないのであれば、ルールズには則していませんが、彼に自分のことをどう思っているのか、聞いてみてください。つまり、彼にはルールズは使えなかったけれど、きちんとその先に進むためにもできることをしてください。

✦

ある女性は大学生の21歳のときから27歳までずっと、1人の男性が好きでした。私たちと出会ったとき、30歳になっていたにも関わらず、まだその男性を引きずっていました。動かなければ動かないほど、幻想でますますその人が美化されていくものです。

彼女がルールズを使い始めてから、新しい男性が現れるまではしばらく時間がかかり、結局ご結婚をされたのは、36歳のときでした。結婚するときに、「こんなにうまくいくとは知らなかったので、前の彼に使いたかった」と言いましたが、「でも彼ではないとダメだ、という気持ちはなくなり、いま幸せです」とも伝えてくれました。

何度も口を酸っぱくするほどお伝えしますが、幸せになったときに、いままでの悩みごとはすべて消し飛んでしまいます。それも覚えておいてください。

RULE

33

昔の彼とやり直すチャンスは一度と心得ること

Only One Chance for Getting Back an Ex

昔の彼とやり直したい。そう思うこともあるでしょう。でも、その男性に過去にしつこく復縁を迫ったのであれば、もうこれ以上何かをしないほうがいいでしょう。相手が嫌だと言っているのに、何とかやり直したいと伝えたり、彼の住んでいる家にまで行ってしまっていれば、彼はあなたに会いたくなくなります。また彼と過激に喧嘩をしていれば、いい印象は残っていないでしょう。

ここでもルールズが働きます。昔の彼にもルールズをしていて、なるべくごねずに別れていたら、印象はよいものになるでしょう。次に行くということは、あなたの未来のために必要であり、あなたを守るために大切なことなのです。もちろん、決して昔の彼の気持ちを引きとめるために使うべきではありません。それでも、彼にあなたへの関心が残っているのであれば、再び自分に意識を向けさせやすい方法なのです。

ただし、そもそも最初から自分が誘って、彼から別れを言い出したものであれば、この関係はなかったも同然です。あなたは十分に努力をしたのでしょうし、熱心に頑張ったのだと思いますが、彼は関心がなかったのにあなたの情熱に負けて付き合っていたのかもしれません。次にきちんとした恋愛方法を学び、ルールズを実践してください。

✦

彼が最初のうち熱心で恋愛が始まったのだけれど、同棲をしたり毎日連絡をとったことで、彼がうっとおしくなって別れてしまったなどの理由であれば、ルールズを一度だけ試してみることができます。

その方法は、たった一度だけ彼に連絡するということです。彼と話すのではなく、留守電やメールに、「お元気ですか?」といったさわやかなひと言を残しておくのです。

大事なのはメッセージを残すだけにすることです。なぜなら彼には新しいお付き合いが始まっているかもしれませんし、そうであれば、あなたとは話したくないかもしれません。あなたと別れて月日が経っているならば、あなたを好きであれば懐かしく思うはずです。そのひと言から彼が連絡をとってくるかどうかを試します。

連絡が来ても、しばらく様子を見なければなりません。1度連絡が来て懐かしそうにしていても、それっきりであるならば、おそらく彼女がいるなど、あなたとやり直す気持ちはないのでしょう。連絡がしばらく来てから、彼がどこかへ誘うかどうかを見守りましょう。世間話だけで終わってしまうのであれば、彼はやり直す気はないのです。多くの女性がダメな関係にしがみついていたために、何年という年月を無駄にしてしまっています。それは大変に残念なことです。

1回連絡をして、彼から連絡がきたとして、そこから誘われ始めたら、ルールズを守ってください。この後、彼が会いたいと言ったならば、見返すほどおしゃれをしてください。しかし重要なのは、ただの容姿の変化ではありません。

まったく彼のことが気にならなくなっていて、ゆったりとしていて、いろんなことに忙しいという印象です。「やり直したい」「あのときはこんなだったけど……」といった話をしてはいけません。そのような話は別れる前にしたのでしょうし、していなかったとしても、あなたの気持ちを彼はわかっていても、そのときはそもそもうまくいかなかったのです。

普通の世間話をしましょう。昔は付き合っていた関係だとしても、気を抜かずにさわやかに。デートがひと段落ついたら、時計を見て「そろそろ失礼しないと」と言って、早めに切り上げてください。その後、ルールズを守っていってください。

RULE 34

誰にでもルールズを使うこと

Apply The Rules to Everyone

ルールズをしていると、人間関係にバランスがとれてきます。まず、自分に不必要な誘いを断られるようになります。断れないということは、自らいつも下に行く関係を築きます。また、優雅であることをルールズは推奨しているので、神経質で怒りっぽくて、他人の批判ばかりするような男性が毛嫌いするタイプの女性にはならなくなります。

率直にイエス・ノーを言わなかったり、ほかの人々を操作して自分の意見を言わせていたりする女性は、自分が言っているわけではないのでいいと思っていますが、まわりの人々はその女性を信じていなかったりするものです。つまり、ルールズをすることで、信頼を勝ちとることもできます。

自分の時間を大事にするようにしてください。相手の都合にばかり合わせることのないようにしましょう。怒りっぽく神経質にならずに、にこやかでいましょう。

望まない関係には文句を言うのではなく、ほかを探すことも大切です。目的ではないものにはしがみつかずに、ほかの可能性を探る強さを持っているのがルールズガールズです。この姿勢は、仕事や、生き方、さまざまなところに利用できることでしょう。

ルールズは現実的です。いま現在起きていることをシッカリととらえて、それに即した方法を使うことを学べます。女性であることを楽しんで、運動や睡眠のバランスをとりましょう。健康的であるのも、大切なことです。また、ノーを言うときに言葉を足して言い訳がましくならないことも、学ぶことができるでしょう。そのような姿勢があれば、問題が複雑化することを避けられるようになるはずです。

ルールズでは、「自分と人とを比べない」ということも、大事にします。ルールズガールズは1人の男性をとり合うのではなく、その男性が本当に好きな女性を選んでいく方法です。そして、いったんルールズで関係が築けてしまえば、ライバルはいません。

ルールズは、最初は使うことが難しいかもしれませんが、穏やかで聡明で自分の判断を持ち、しっかりと生活していける女性になっていく早道でもあります。常にルールズを続けてください。そして、同じようにルールズをしている人々と友だちになり、助け合う精神も学んでください。そのように支え合っていくことも重要なのです。

RULE

35

くだらないと思われても、ルールズを使うこと

Keep Doing The Rules Even When Others Think It's Nuts!

ときには、ルールズに対して拒否反応を起こす女性たちもいます。男性にすぐに話しかけて、優しくすることこそが、うまくいく方法だと信じているからです。

でも、もしあなたが、いままでの恋愛の経験からこのルールズを試してみたい、と思うのであれば、さまざまな女性たちの意見を聞き流してください。そもそも、反対をする人々には、ルールズをしていると伝える必要もありません。

そういったお友だちや家族から積極的に話しかけなよ、と言われたら、「うん、そうするね」と返事をしておいてください。

あなたの好きな人を知った誰かが、あなたとその彼を同じ席にしようとしたり、あなたがその彼に関心を持っていることをばらされて、ルールズがうまくいかないかもしれない、と感じるのであれば、お友だちたちには、その男性に関心があると言わないほうがよいでしょう。

なぜならば、お友だちは親切心から、余計なお世話をしてくることが考えられるからです。

ある日本女性の息子さんは、クラスの女性に気に入られて、それを知ったお友だちに、飲み会があるたびに彼女の隣に座らせられた経験があります。

それに対して彼は、彼女を好きではないので申し訳なく思い、なんとなく飲み会には行きにくくなってしまったそうです。日本の方々はとても親切なので、そういったこともあるのかもしれません。

「この女性はいいな」と男性のほうが思って、話しかけるせっかくのチャンスをつぶすのはとても残念です。たとえどのような非難があろうとも、あなたがルールズを本気でしてみたいならば、実践することを心からおすすめします。必ず素晴らしい結果を得られるでしょう。

RULE 36

遠距離恋愛でもルールズを守ること

Rules for Long-Distance Relationships

遠距離恋愛にはいくつか種類があります。まず、出会ったときから、遠距離の場合があります。

レイチェルは友人の結婚式で素敵な男性と出会いました。相手から話しかけてくれて、これはなかなかルールズに叶っています。

彼はニューヨークから来ていて、彼女はフロリダに住んでいます。そうそう会えるものではありません。レイチェルは、しばしば会えるものでもないしと関係を急ぎました。

つまり、誘われるがままに一緒に飲みに行き、そのまま彼の部屋に直行してしまったのです。あれほど彼はレイチェルのことをほめてくれたのに、その後の連絡はピタリとなくなりました。そんなことはしょっちゅうあります。

こんなふうに、素敵な彼は遠くに住んでいて、どうしても彼と一緒に居たいと思うときがあるかもしれません。でも最初のデートの日に、あまりに長い時間一緒にいすぎると、彼はチャレンジ精神を失います。

そしてせっかく素敵だとあなたのことを思っていても、もはやあなたのことを思い出しもしなければ、あなたに会いにこようとも思わないことでしょう。遠距離だとして、たとえどんなに時間が惜しかろうとも、ルールズを守ってください。それが将来のためなのです。

お付き合いをしていた人が、仕事の理由などで遠距離になる場合もあるでしょう。遠距離になった時点であなたが30代で、お付き合いも長いのであれば、後に述べる「連絡中断」をしてみたほうがよいでしょう。

そもそも、彼に結婚の意思がないのかもしれません。それを知らないとこのまま遠距離になり、相手の意欲がないままに待ち続けてしまうことになります。

2年も付き合って、30代で、そのうえ遠距離になったのに結婚を言い出さないのであれば、あまりにその関係は不安定です。連絡中断をし、彼が本気であなたを愛しているのかどうか一度確認をしないとなりません。それにもし彼が本気ではないとしたら、ほかの男性を探したほうがよいのです。

まだ彼が結婚の準備ができていない年齢で、学業や仕事のために遠距離になった場合には、あなたと何らかの手段で連絡をとりたがるかどうかを見ていきましょう。スカイプなどで大事な祭日に会えるかどうかも重要です。

遠距離はとても便利な関係で、相手がそれほど好きではなくてもごまかせてしまったり、うまくいっていなくてもわかりにくかったりします。そのような点に注意をしながら、ルールズをしてみましょう。

いい関係がずっと続くのであれば遠距離でもルールズが働き、とても愛され問題がありませんが、遠距離になってから冷めてきてしまったのであれば、連絡中断で一度確かめたり、ほかの人に進む勇気も必要な時期にきています。

インターネットで出会って最初から遠距離という場合には、注意が必要です。うまくいくとしたら、彼のほうからあなたに会いにきてくれます。イギリスの男性と結婚をしたアメリカ人の女性も、ヨーロッパ人と結婚をしたオーストラリアの女性も、彼が会いにきてくれました。

いずれにしろ遠距離では、彼があなたに会いにくるかどうかは、本気かどうかを知るうえで、大変に重要です。

RULE 37
男性の言葉と行動を観察すること
Observe his Words and Actions

ルールズガールズは、ただ男性を待っているだけの女性と思われがちですが、そうではありません。賢く、男性たちを観察しています。

観察しなければならないのは、何よりもまず、「行動」です。定期的にデートがあるか、彼から誘ってくるか、誕生日などにプレゼントをしてくれるか、そういったことは、彼からどのくらい大切にされているか、２人の関係がうまくいっているか、ということを、如実に表しています。

私たちルールズガールズは、彼が法則を守ってくれているのであれば、彼が言う言葉に惑わされてはいけません。たとえば、友だちの前ではかっこをつけて、結婚しない、など言っていることもあります。

ジョージ・クルーニーは、公式には、結婚はしない、と言っていたのに、結婚を決めました。そんな言葉にいちいち反応をしないほうがいいし、彼があなたをからかって言ったような言葉にもムキになる必要はありません。

けれども、あなたと話をしていて、個人的に漏らした言葉のなかには、気にとめておかないとならないものがあります。

たとえば「素敵な彼女が現れたら結婚を考えるよ」「結婚はしない」「したくない」「あなたとは結婚をしない」と彼が言ってしまったならば、注意をしておかなければなりません。そしてルールズが守れていないのであれば、彼はあなたを愛してはいません。

ある女性は彼が「付き合う気はないから」と言ったにもかかわらず、いつか彼の気持ちが変わるはずだ、と何年も彼とデートをし続けてしまいました。

もちろん、ルールズを守れるはずもなく、彼が彼の都合のいいときに呼び出してきて会える程度でした。彼女を大事にしてくれることはありませんでしたが、いつか彼の気持ちが変わるはず、と10年ものあいだ彼を待ってしまったのです。

20代の大事な時間を無駄にした後で、彼女は私たちに相談をしてきました。彼女は彼とはダメな関係なのだと認めることがなかなかできませんでしたが、私たちが説得をして、ルールズを始めました。

いまは幸せなご結婚をされて、2児の母親です。私たちにとって誇りであることは、多くの幸せになっていったクライアントさんたちとも、そのように交流があることです。

なお、彼の言葉や行動について、「彼はこう思っているせいで」「こういう問題があるから」などと分析をするのはやめましょう。分析をすればするほど、ふさわしくない彼であっても意地になって彼を手に入れようとし始めます。自分が解決しよう変えようと思えば思うほど、その状況にはまり込んでしまうのです。これでは自分が彼にはまり込む「逆ルールズ」になってしまいます。

女性は自分に都合よく解釈をしがちです。女性の視点はすべて、「彼は私を愛したいけれど理由があってできない」「彼がこうしてくれないのは嫌だけれど、きっと深い理由があるから」というストーリーになるに決まっています。そのため、ゆがんだ話になってしまうのです。そして、そこから一生懸命に考えても、何も進まないことに気がつくでしょう。彼はそのままが彼だからです。

気になる言葉を彼が言うのであっても、行動が愛してくれているとわかる行動であればほうっておきましょう。けれども、ルールズを守れておらず、気になる言葉を言うのであれば、それを無視してはいけません。

あなたにとってあなたを愛してくれる人で、あなたが幸せになれる人が現れる機会を信じてください。

RULE 38

恋に破れてもすぐ次に行くこと

Next!
Soon After a Break Up

ルールズがうまくいかなくて思ったように連絡がないとき、あるいは恋に破れたときには、とてもつらいものです。一晩泣き明かして、そのことは忘れるように努力をしてみましょう。

もちろんその後もつらいことは、十分にわかっています。けれども、世の中には素晴らしい男性が山のようにいます。泣かなければつらいようであれば、悲しい映画でも見て、どんどん泣きましょう。友だちに愚痴ってもかまいません。

でも、復讐をしようなんて思わないでください。そんな無駄な時間を過ごしている暇はないのです。あるいは相手の悪口を言ったり、自分のほうが勝っていると言い張ってみたり。そういったしつこい態度があなたを醜くさせています。それにそうすればするほど、自分がみじめになるのではありませんか？

とにかくスカイプやブログなどで相手の情報を見ないでください。見たら余計感傷的になってしまって、あなたは余計なことをし始めてしまうかもしれません。そんなことをしたら後々、後悔をするでしょう。自ら泥沼にはまってしまいます。

失恋をすると、相手が非常に素晴らしい人で、自分を愛してくれていた時期があった、楽しい時間があったという幻想にとらわれます。失われたものは美化されます。執着をして手放したくなくなります。彼がいなくなったらこの世の終わりみたいに錯覚をします。

でもじつはたくさん問題があったのでしょうし、どこかで「大事にされていない、もっと大事にされたい」「もっと素敵な相手に出会いたい」とあなたは思っていたこともあったはずです。それに彼は思ったほど素敵な人でもないのでしょう。あるいは素敵な人だとしても次に行かなければなりません。幸せになりたいと願う自分の気持ちに従ってください。

そして身の回りの整理をしてください。彼を忘れたいのに、彼のものを持っていたら、新しい恋なんて始められないではありませんか。彼の想い出の物を捨てられないとしても、少なくとも整理整頓は精神的な回復と心の整理の役に立ちます。

涙を拭いて、いまは苦しくても新たに出会うと信じてください。ある意味、きれいになって、素敵な恋をすることが一番の復讐になります。いまは、恐らく何も手につかないかもしれないし、たいていの女性はもう彼ほど素敵な男性は現れないと思っています。でも、女性は素敵な人に愛されたら、とたんに前の恋愛のことなんて忘れることができます。それが女性の素晴らしさです。

失恋をしたときこそ、ルールズをやってみようと思えるのだって、考え方が変わったチャンスかもしれないのです。そうやって新しい出会いをして結婚をした方々がたくさんいます。

一番重要なのは、なるべく早く出会いを探しにいくことです。人にたくさん会っていってください。ここで止まると、動くまでに時間がかかってしまいます。

RULE

39

困ったときは必ず新しい人を探し始めること

Meet Others if You are not Sure about Him

女友だちは困ったときに、「話し合わないとダメだよ」「彼に会わなきゃ」「どう考えているか、すぐに聞いてきな」などと言います。でも、別れた後で自分の気持ちを伝えに会いにいったりすれば、彼にもうやり直す気持ちがない以上、その後、彼は連絡することさえしなくなるでしょう

彼がその女性とやり直したいのならば、距離を置けば彼のほうから何かを言ってくるでしょう。恋は理由がないもの。男性は情熱が冷めたらそれは冷めただけのことで、言葉で説明ができません。

なんとなく仕事が忙しくなったり、「なんとなく」という以外に説明ができないかもし

れません。説明を求められても困ってしまうのです。関係がよくないときに女性は、話し合いたいと思いますが、そうすればうまくいくと思っていますが、そんなことをしても無駄なことが多いでしょう。

またあれほど親しかった彼が、問題を抱えたときには、会いたがらないことにも、気がつくかもしれません。そして、「どう思っているの」と深刻になればなるほど、相手は逃げがちにもなります。言葉で何とかなるものではないのです。

でもそういったその彼を引きとめるためではなく、私たちは、彼といろんな問題を抱えている女性に対しては、「新たな人々を探す」ことをすすめています。たとえばサイトで彼と出会っていて、関係がうまくいっていないのであれば、もう一度サイトに登録をし始める、といったように。

ある日本女性が、彼とうまくいかずに悩んでいました。その彼をあまりに甘やかしすぎてきたため、彼は、彼女を大事にしていないように私たちには思えました。

彼女はルールズをあらゆるところで使う決心をし、そうすると会社で別の男性が彼女を好きになりました。彼はとてもハンサムなしっかりとした男性でしたが、彼女は前の彼のほうが好きなようでした。

でも、新しい彼が情熱的になり、遠方に引っ越した後も彼女を助けつづけ、どんなことでもするといい、おしまいには、彼女の家業まで継ぐと勉強をし始めて、結婚することとなりました。

このような例もあるのです。万が一、前の彼の元を去れないとしても、うまくいっていない関係であれば、ほかの人を探していくことも始めてください。

問題があるときに話し合おうとすればするほど、彼からの連絡が少なくなるでしょう。問題があるならば、おそらくは自分を大事にしてくれていないとか、性格が合わないとか、そういったことでしょう。

それはあなたには変えられない、あるいは変えたいのであればそれは彼自身がすべきこと、変えることです。ですから、彼をほうっておくことです。

ルールズは、とても働きます。だから、うまくいっていない関係にサヨナラをする勇気を必要とします。そして、うまくいかないいまの関係にしがみつくことをやめると、いまの彼が追いかけてくることもあります。これはルールズの素晴らしい効果の1つです。

でもそこからルールズをすることが、非常に重要です。うまくいかないときは次へ行くこと、新しい人を常に探すこと、出会う場に行くこと、これは鉄則です。

RULE 40

不倫はやめておくこと

Don't Date a Married Man

男性のなかには、恋愛対象にはしないほうがいいという人がいます。

当たり前のことなのですが、不倫はおすすめしません。既婚者なのに声をかけてくるのは、遊びたいだけなのでしょうし、たとえ奥さんとうまくいっていないとはいえ、あなたと結婚をすることはないでしょう。相手が離婚してフリーになるまで、やめておいてください。

離婚をすると言う割には、離婚しない男性も多くいます。「結婚はもうしないけれど、一緒にはいたい」。こういう言葉を言ってくるのであれば、もう絶対にその関係は変わることがありません。本当にそれで満足がいくのかどうか、考えないといけません。

また、男性のなかには離婚をして傷ついたために、女性を求める場合もあります。そういった時期に女性が優しくしすぎてしまうと、一時的に頼られる関係になります。誰かの代用品というのはとても寂しいあり方です。彼の心の傷が癒えると、女性に関心がなくなったりします。そのように代用品にならない勇気を持ってください。

このような理由から、不倫をしているのであれば、どんな方法でもよいので彼から離れなさいと私たちは伝えます。どんなにごまかしても、彼と一緒にいたいという望みがある以上、必ず傷つくことになるからです。

また独身だと言っている男性でも、彼が休日に会いたがらない、家に呼びたがらない、連絡先がよくわからない、家の状況がわからない、などのことがあれば、奥さんがいたり、付き合っている人がほかにいる可能性もあります。

ルールズを守ってください。そしてもし、その男性がほかの人とお付き合いをしていることがわかったら、すぐに次に行きましょう。

RULE 41

賢明になって、素敵な人を選ぶこと

Be Smart to Choose the Nice Man

支配的にふるまう人や、結婚と離婚を何度も繰り返す人、浮気をする人、嘘を平気でつく人、インターネットで何人もの女性と出会っている人なども要注意です。女性の感はとても鋭いので、少しでも「変だな」と思ったら要注意です。

またあまりに嫉妬深くて常に連絡を入れないと怒るような人も、結婚後は悲惨な状況になりがちです。そのほかに注意をすべき人物は次のような男性です。

●「こうしないなら別れる」「こうしないなら知らない」と怒る男性

脅かすことでしか、人と関われません。脅しに乗らないようにしないと、一生操り人形として使われるだけの関係になります。

●あなたを振った男性

一度あなたを振った人であれば、やはり何度でもあなたを裏切ることになります。

●お金を出させようとする男性

お付き合いをしている男性に自分から収入を明かさないでください。あなたのほうが収入が高く、それに頼られるのであれば、彼はあなたを愛しているのではなく、お金を愛しているのです。

●きちんと会えない男性

ずっと付き合っていても会えないのであれば、望みはありません。また、常に土曜日は会えないというのも、問題があります。

●大事にしてくれないのに、引きとめる男性

ときどきしかデートをしなかったり、ときどき旅行に誘ってくるのに彼女にはなれない、でも離れようとすると、とたんに「寂しい」などと言い出す男性がいます。要は満足をする関係には決してなれないのに、離れさせてくれない男性です。

このような男性はあなたを大事にすることはなく、この関係はずっと混乱したままになるでしょう。

あなたは何とか彼を変えようと、原因を探そうとしますが、彼がたとえどんなに悲惨な幼少期の想い出を話したり、前の関係がよくなかったからあなたと付き合う準備ができていない、などと言おうとも、あなたと結婚をするつもりはないのです。けれども、ときどき会えるこの便利な関係をやめようとしないのです。

こういった男性からは一刻も早く離れなくてはなりません。あなたは彼に、はっきりさせてほしい、と望むかもしれません。でも彼がいまのままで永遠にあなたを利用したいならば、そしてあなたがそれが嫌で違う関係を求めているならば、離れなければならないのは、彼ではなくてあなたのほうです。

RULE

42

彼を変えようとは思わないこと

Don't Try to Change Him

こまごまと注意したり、直してと言ったりして、女性は男性を変えようとしますが、それは無理なことです。

彼の気になる点としては、人の批判をすることだったり、やきもち焼きで何の自由も許してくれないことだったり、料理の文句を言うことだったり、人に対してイライラしがちなところだったり、嘘をよくつくことだったり、さまざまでしょう。

気になっている点は、結婚後、ますます嫌になっていくものです。彼の「ここが嫌」というところを、あなたがどうしても変えたいとしても、彼が心から変わりたいと望んでいない限り、彼は変わりません。あるいは変われないということもあるのでしょう。

あなたが、「そこが完全でないと無理」と感じるならば、その癖を変えようとするのではなく、その癖があっても幸せになれるかどうかを考えてみましょう。だれでも気になるところは必ずあります。「その点は気になるけど、この人といると、私は幸せになれそうだなあ」と思う人を選んでください。いまもめていることは、永遠に彼との関係でもめることになるのです。

問題の種類によっては、彼が自主的に問題を整理できるかどうかが重要である場合もあるでしょう。アルコール依存症など深刻な問題がある場合には、ヘルプグループや病院などに通い、しっかりとその問題が整理されてから結婚を考えてください。

しかし逆に、些細な問題を気にしすぎていつもイライラしているのであれば、相手に厳しすぎたり、彼を判断しすぎているところがないかどうかも、考えてみてください。同じ問題でも度合いがあるかもしれません。

たとえば嘘をつくにしても、会社の仕事をごまかしていたりしたら問題がありますが、出張に行ったことを面倒くさくてただ言わなかっただけなのに、それを嘘つきというのであれば、女性のほうが厳しすぎるのかもしれません。それを気にしなければとても幸せになれる相手だっているでしょう。実際にはそういった癖があっても幸せになれるのに、それらを気にしすぎているかもしれないのです。

ルールズを基本的には守ってくれていて、人柄もそれほど悪いところがないのであれば、些細な欠点はときには受け入れることも必要です。気になる癖が彼にあっても、生活そのものに支障がない場合や、自分の物事のとらえ方次第である場合は、相手を許すことも幸せな結婚につながるからです。

趣味の違いなどは、深刻な問題ではないと思いますが、自分の趣味を理解してもらえない場合は、覚悟が必要になることもあります。趣味を共有できないことが嫌であっても、それを理解して覚悟をしておけば、結婚生活で居心地のよい女性となれ、ますます大事にされていくものです。

ただし、男性の女癖の悪さは、ルールズガールズは絶対に受け入れてはいけません。浮気癖を変えることはできませんし、私たちはそういった男性といる女性たちが、幸せである、とはどうしても思えないからです。どんなにあなたが彼に注意をしたところで、ほかの彼女がいつもいることは変わらないでしょう。それが彼の生き方なのですから。次に行くことが大切です。

ルールズガールズは、現実的な物事の見方を知っています。彼をそのまま客観的に見ることができますし、幻想にとらわれたりもしません。結婚前はしっかりと相手を見て、結婚後は寛容になることで、幸せな結婚生活が送れるのです。

RULE

43

彼のフェイスブックをチェックしないこと

Don't Check his Facebook Page

フェイスブックなどのSNSやブログなど、彼がインターネットにあげている日常のあれこれを、見すぎるのはよくありません。というよりも、まったく見ないほうがいいでしょう。

それらを読んでいると、あれこれ気になってしまうものです。

また、付き合ってもいないのに、彼のそういったものを読んでしまうと、彼が誰々とどうしたといった日常のことが気になりすぎて、ずっと彼のことを考えるようになってしまいます。それは自分の首を絞めるようなものです。自分のことがしっかりとできなくなってしまいます。

さらに幻想のなかで彼がいろいろしていることが思い浮かんだりして、事実ではないものにも悩まなければなりません。1つ見て気になることがあると、ずっと読み続けてしまったりします。

彼の生活を知りたいと思って研究をしても、恋愛はうまくいきません。彼のことが気になったとしても、彼の生活を自分の思い通りに変えることは不可能でしょう。もしどうしても知りたいとしても、それらはお付き合いをしていくうちに徐々にわかってくるものです。

彼が記事を書いているあらゆる媒体を読んで、それにはまり込んで、そこから抜け出られなくなるような生き方は、しないでください。

RULE

44

リーダーシップは彼にとってもらうこと

Let Him Lead the Relationship

ルールズでは、「リーダーシップは彼がとる」という決まりがあります。彼がお付き合いをしたいと思い、彼がその歩を進める必要があるのです。

ルールズで言うリーダーシップとは、「恋愛で気持ちが盛り上がるのは、男性のほうから」ということです。さらに、「付き合ってほしい」「結婚をしてほしい」といった言葉はすべて男性から言ってもらうようにします。女性からは決して言ってはいけません。

デートの計画などは、その男性によってそれぞれ違うでしょう。リーダーシップが大切だからと言って、自分が望んでいる通りに彼が計画してくれないといったことは、気にしないでください。私たちはやみくもに完璧な男性を求めているわけではありません。

彼が計画してくるデートに多少物足りないところや、満足できないところがあっても、あまり関係がありません。「こうしたほうがいい」とは言っても、そうでないとならないわけではありません。でも恋愛のアプローチは、彼からその歩を進めてもらわなければならないのです。「付き合ってほしい」という言葉は、彼から言い出す必要があります。

日本では、付き合っているかどうかわからないままに付き合っていたりもする、と聞きました。言葉で確かめたいところですが、毎週お誘いがきて会っていて、それが安定しているのであれば、問題がないでしょう。確かめたくなる気持ちはわかりますが、彼がどのように言ってくるか、待ってみましょう。持ち出すのはあくまで彼からです。

どうして女性から「付き合っているの？」と聞いてはいけないのでしょうか？

それは、そう言うと、あなたが「付き会いたがっている」というのがばれてしまうからです。「彼女は付き合っても付き会わなくてもかまわないらしい」となると、男性は追いかけたくなるのです。あなただって、もし付き合う付き合わないを気にしていなかったら、彼にそのようなことを聞かないのではないでしょうか。

この雰囲気が大事です。余裕のある感じです。そうしているうちに、男性が「僕らは付き合っているからね」と言い出したり、結婚を言い出したりすることを、ルールズは大切にします。男性の本能を満たすような、自分が追いかけチャレンジして得た関係であれば、男性はその関係をとても大事にするようになるからです。

RULE

45

疑いすぎはいけないが、浮気の兆候は見逃さないこと

Don't be Jealous But Notice if He's Cheating

女性のなかには、まるで私立探偵のようなことをしてしまう女性たちがいます。すべての彼の行動をチェックしているのです。彼が電話をしていたら聞き耳を立て、コンピュータで彼の動向をチェックし、服に口紅がついていないかを調べます。

彼のことを疑いすぎるのは、問題です。焼きもちが過度すぎるのは、その女性の家族に何らかの問題があったからかもしれません。自分のお父さんが浮気をしていたという場合だってあるでしょう。

しかし、女性は敏感なもの。事実浮気をしているときには、必ずわかるものです。その兆候がないのであれば、探ろうとすべきではありません。

同僚に美しい秘書がいるとか、彼が外での出来事を楽しそうに話したとか、元の彼女と友だちとして会ったなど、そのあたりのことで怒ったり心配したりするのは、過敏すぎるのです。

浮気の兆候は、電話がかかってきてもなぜか出ないとか、電話に隠れて出るなどの態度や、メールを読むときに隠そうとしたり、陰でメールをするなど、極端なしぐさに表れます。

まだ浮気の兆候もないのに、彼がしているいちいちが気になるとしたら、探偵を雇うか、その証拠が出てから動きなさい、と伝えています。

男性が浮気をした場合、必ず何らかのへまをします。だからわかるのです。ですから、わかるときはわかるものだと余裕をもってかまえ、ずっとこのことを考えているところから「離れる」ことが、大切です。

RULE

46

彼が裏切ったらすぐにほかの人を探し始めること

If He Cheats, Move on!

ルールズをしていて、彼がそのままルールズを守っているのであれば、ほかの女性を好きになったりはしていません。

ですが、ときにはたくさんの女性と関係を持つだらしない男性もいますし、残念ながら、付き合っていると思っていたのに裏切られる経験をされることもあるかもしれません。でもそういった兆候はルールズをしていたら如実に表れていたはずです。

浮気の兆候としては、携帯を見えるところに置かなかったり、メールを見られないように隠したりと、とにかく隠して誰かと話す行動が多くなります。

また、デートが減ったり、ドタキャンが増えるなどの兆候もあります。いままでは、守れていたルールズを守らないことが多くなってきます。

インターネットで出会ったのであれば、急激に接近をする人もいますし、もともと1人に絞らない男性であることもあります。

ある女性は、デーティングサイトで出会って付き合い始めた彼の様子が怪しいと連絡をしてきました。その後、彼女は彼が女性とやりとりしていることを見てしまいました。

彼は最初は言い逃れをしていましたが（男性はこのときに必ず言い逃れをしようとします！）、問い詰められて言い逃れができなくなりました。そして、彼女以外にもサイトで女性と出会っていると言いました。彼女と喧嘩をして勢い余って会ってしまっていたのです。

私たちは彼女に「喧嘩をしたことはあなたも悪いところがあるかもしれないけれど、喧嘩をするたびにいろんな人と出会われるのは、違うと思うの」と言って、再度、デーティングサイトに登録させました。そして、私たちはそのことを彼に伝えないようにと言いました。

もちろん私たちは、彼の気を引くためにそうさせたのではありません。目的に合わない人であれば、すぐに次の人を探すべきなのです。

彼女のその後を言えば、この場合はけがの功名で、何週間後かに彼女がデーティングサイトに登録していることを知った彼は、とても深く反省をしました。そして、その後、プロポーズをしてくれたのです。いま彼女は幸せな結婚生活を送っています。

彼が浮気をしていたらすぐに離れましょう。これはとっても大切なことです。

なお、ルールズでは、携帯やパソコンをチェックして、浮気の証拠を見てしまうことは、致し方ないと考えています。ダメなものは早くダメとわかったほうがいいですし、騙されている必要もありません。

それに彼に変な行動があったから、彼女は疑って携帯をチェックするのでしょう。その行為は、相手を責めたてたり、彼にしてあげたことを悔やんだり、ルールズではありえませんが彼につぎ込んだお金を返せと脅したりするためではもちろんありません。あくまで状況を正しく判断し、自分がどうするかを決めるための行為です。

けれども、携帯をよく使っている、電話に出られない、フェイスブックで誰かと話したなど、とにかくすべてをチェックして疑っているとしたら、これは不安定すぎます。別の問題なのです。

そういった問題があるのであれば、気になるものを見ないという訓練は必要になるでしょうし、気持ちを安定させることもしていかなければなりません。RULE45の項目を読み、自分の姿勢を再度、振り返ってみてください。

RULE 47

関係がだらけたら、会う回数を減らすこと

When He is not Enthusiastic, Meet Him Less

ルールズを最初から知っていたらよかったのに、と思う女性たちはたくさんいます。いまの彼に情熱的に愛してほしいのに、そして最初のほうはそうだったのに、なんて失敗をしてしまったのかしら、と思う女性たちも多いでしょう。

彼は私をまったく大切にしてくれない、と不満に思い、もっと大切にしてほしいと言えば言うほど、ますます彼はしてくれなくなるということもあるでしょう。

でも、もし彼と交際中にルールズを知ったのであれば、そこからルールズを始めてください。昔のように大事にされていない、と感じているのであれば、自分から追いかけたり、いろいろ彼にしてあげていたのを、いままでよりもずっと減らしてみましょう。

会話は自分から終らせているでしょうか。誰でも、相手が追いかけてくれているうちは安心しているでしょうが、急に連絡がこなくなったら気になるものです。いろいろな回数を減らして忍耐してみるのです。普通は、その男性がその女性に関心があるならば、確実に情熱が戻ってきます。それはうれしい驚きになるでしょう。彼がとても慎重になったり、優しくなっていることに気がつくはずです。

情熱が戻ってこなかったら？　もうそれは次に行くべきです。この関係に不服を言いながら、あなたは一生を過ごすことになってしまうからです。

コリーンもそんな女性でした。彼女は30代の女性で、彼女がルールズを知ったのは、付き合い始めて3年も経ってからです。

彼女と彼の関係は多くの問題がありました。彼はデートをしても彼女に優しくなくなりました。ときどき、友だちと会いたいから、と彼女に会いたがらなかったり、彼女が太っていることを揶揄したりして彼女と喧嘩にもなっていました。

3年も経っている関係であれば、本来は後に述べる「連絡中断」の方法を使うべきです。でも彼女はそれはできないと言ったので、私たちは少なくとも、あらゆる行動を半分にするようにと言いました。たとえば、メールの回数やデートをする回数などです。

まず彼女が気がついたのは、彼が太っていると言わなくなったことです。ときどき褒めてくれるようにもなってきました。だらけている関係は引き締める必要があるのです。

RULE

48

年齢が離れていてもルールズは守ること

Even if He is Much Older or Younger, Do The Rules

彼が年上であっても年下であってもルールズを守ってください。とくに年下の男性は、自分がリーダーシップをとるようになると、男性らしくなっていきます。

年下の人だと、自分が守る役割に回りたくなるかもしれません。でもそんなことをしていると母親のようになってしまい、後によくないところが出てきます。このようにふるまう背景には、自分が年上であることを悪いと思っているところもあるのでしょう。

自分がいつも特別な女性であることを信じてください。ファッションは無理に若づくりをする必要はありませんし、彼と同じ年齢の女性たちと戦う必要もありません。けれども女性らしい装いは必要です。

ただし、注意も必要です、ある35歳の女性が、20歳の男性からアプローチを受けました。それはインターネットでの出会いでしたので、私たちはその申し込みは返事をせずに避けたほうがいい、と注意をしたのです。

けれども彼女は、ほかに申し込みがないので「彼と付き合いたい」と言いました。彼のほうも「愛に年齢は関係ない」と彼女に言いました。そして、デーティングサイトを退会するように伝えました。

確かに愛に年齢は関係がありません。でもサイトでの出会いから始まった恋愛で、その年齢差で、このように急すぎる展開は、怪しいでしょう。20歳と言えば、35歳の年齢の女性からしたら子どもです。これから未来もあり、たくさんの女性と出会える20歳の男性が、1人の女性にそんなにすぐに決心をしてしまうのはおかしいはずです。

彼らは結局、際限なくメールをしました。彼女はもう始めてしまうと、ルールズどころではなくなっていきました。デートの途中で消えることなんて、不可能です。

3週間もしたころ、彼は彼女にヌードの写真を送るように言い始めました。そして、「車で迎えに来て」と頼むようになり、彼女の誕生日に会う約束もキャンセルしました。そして遠くに住みすぎているから、デートをするのが難しいよね、とまで言い始めました。

いつの間にかフェイスブックから彼女の登録も削除されていました。

彼女はあわてて私たちに連絡をしてきました。どうしたらいいのかしら？　連絡中断をしたら効果があるのかしら？

いいえ、もう彼のことを忘れなさい。と私たちは伝えました。彼は要注意人物なのだから、もう付き会う必要はありません。

彼女は再びプロフィールを掲載し始めました。彼女には立派な仕事があり、社会的にも認められている人です。でも恋愛になると、どうしても入れ込んでしまうことは、致し方ありません。ただ、目標に向けて正しい方法を使う必要があります。現実的な正しい目標を持つことも大切です。

年齢が違っても、彼からアプローチをしてきて、ルールズを守っているのであれば、あなたは彼にとって特別な存在です。彼自身にリーダーシップをとらせることと、恋愛中では彼が彼女を追いかけることで、彼にとってはますます大好きな彼女になっていくことができます。

かといって良識もルールズでは大切にします。まだ彼が18歳などと若く、彼女が30代であれば、普通は彼のほうは大人ではありません。彼の愛情は、憧れに近いものなのでしょうから、ほかのふさわしい人を探すことが適切です。

Column

少し距離を置こうと言われたら

男性がこの恋愛関係を少しお休みしたい、と言ってきた場合、どうしたらいいのでしょうか?

これには、いろいろな原因があるでしょう。この恋愛がうまくいっていない、学業や仕事などの都合でいまは付き合うことができない、などです。

いずれにしろ、彼がそのように申し出てきたらごねても無駄です。女性は長く付き合えばなんとかなる、とか、しがみつけばうまくいくと諦めきれないのです。

そのお気持ちはよくわかりますが、そのようにしても、男性はダメなときにはダメなのです。学業や仕事の都合で、一時的に連絡がとりにくくなるなどのことであれば、それを受け入れて、自分がその時間をどう有意義に過ごすのかを考えたほうがよいでしょう。彼があなたを好きであれば、必ず戻ってくるでしょう。

つまり、ルールズがうまくいっているのであれば、そういった仕事が終われば、彼はあなたのもとに戻ってくれるはずです。そもそも、あなたなしでは何週間も生きていけないほど好きになっていくのが、ルールズだからです。

これも日本女性の例ですが、彼女はルールズを守っていませんでした。彼から彼女に話しかけたものの、彼女は彼が大好きだと公言していて、いつもくっついていました。彼は自信たっぷりでした。彼女の扱いが少し雑になってきたころ、彼女が相談をしてきたのです。

でも意外なことに、彼が「君も大事だけれど、他にも好きな女性がいて」と告白をしたときに、彼女はきっぱりと気持ちが冷めてしまいました。そのため優しく、「それじゃあ仕方がないね。あっちの人と幸せになってね」と言えてしまったのです。まったく彼を引きとめる気持ちにもなりませんでした。

それ以来、立場が逆転しました。自信満々だった彼は、彼女を失うかもしれない、彼女は離れることをまったく気にしていないようだ、と気がついたのです。彼はすぐに二股の彼女を切り、その彼女を大切にするようになりました。

この例も、彼と付き合っていなくても別に私は大丈夫、という彼女の本心を見たことで、彼が彼女の大切さに気づきました。

何とかやりなおそうと思えば思うほど、彼は逃げていくことになっていたでしょう。もし彼が戻ってこないのであれば、次の人を探す時期にきています。

RULE 49

離婚歴のある男性は注意深く観察すること

Observe if He is Divorced Once or More

離婚したという人とお付き合いをする場合は、彼が本当に離婚をしているかどうか、まず気をつけましょう。奥さんとはまだ別居をしているだけなのに、離婚した、と言う男性もいます。でもそういった男性は、いざとなったら奥さんやお子さんたちのもとに帰ることもあります。

まだ別居の状態だと、ことは少し厄介です。いろいろな問題を背負っていかないとなりませんし、そのことを乗り越えていける覚悟があるでしょうか？

離婚しているとわかったとしても、なぜ結婚に失敗したのか、今後にそれをどう生かすのか、話をすることがあったらしっかり聞いておいてください。離婚の原因として、奥さんの悪口をあまりに言うようであれば、彼自身に人を許せないとか、相手を悪く思いすぎたり憎んだりするような癖があったりします。

女性の心理としては、前の奥さんの悪口を言ってもらうと、愛されているようで安心をしてしまうものですが、普通はあまりに人の悪口を言ったり恨んだりする人は、誰と結婚をしても同じようになる可能性が高いのです。つまり寛容ではないところや人に厳しすぎるところがあるのかもしれません。注意して観察をしましょう。

また、何度も結婚と離婚を繰り返しているのであれば、恋愛をしても飽きてしまったり、嫌になってしまうと関係を続けられない人ですから、どんな考え方が根底にあるのか、見届けてください。注意が必要でしょう。しかし、性格はなかなか変えられません。ほかの人を探したほうが賢明です。

✦

彼の人柄が安定していて、思いやりもあったなら、結婚への意思があるかどうかを見届けましょう。ルールズガールズはもちろんそんなことを聞き出したりはしませんが、離婚をした男性のなかには、「お付き合いはしたいけれども、もう二度と結婚はしないつもりだ」と明言している人もいます。この男性は1人のほうが楽になっているのですから、この男性と付き合うと、少なくとも結婚を目指しているのであれば、自分の幸せを目指せないことになるのです。

離婚せずに別居をしている男性が、「離婚したいんだけれど、妻が許してくれないから できない」という言い訳で何年も女性を待たせることがあります。でも最後は結婚をしないのです。その離婚がきちんと進んでいない限りは、本気では離婚をしたくないと態度でわかります。

奥さんの悪口を言ったり、「大丈夫、離婚するから」と言ったりして、彼自身もそのように考えているとしても、離婚をする行動がまったくないのであれば、何らかの思いが残っています。本気で離婚をしたい男性はやはりそちらに進んでいくものだからです。

その男性が確実に離婚をしていて人柄もよく、離婚の理由もあなたの結婚生活に影を落とすことがないものだとしたら、ルールズを続けてください。離婚をした男性にも、もちろんルールズは有効です。居心地のよい女性であることは必要ですが、不必要に同情をして彼の面倒を見すぎて、彼の男性として女性を追いかけて好きになる気持ちをダメにしてしまってはいけません。

彼に子どもがいたり、彼の子どもの面倒を見てもらっている義父母との関係があってデートの時間がとれないなどということは、あなたが理解をして見守る必要があります。状況に対応しながらルールズを守ってください。

RULE

50

あなたに離婚歴があっても、事情を話しすぎないこと

Don't Talk about Your Problems if You are Divorced

離婚歴のある女性は、デートをし始めた当初は、前の結婚生活の苦労話をしすぎないようにしましょう。苦労話をしたら相手が同情してくれるとか、元の夫が全面的に悪くて自分は頑張ってきたなどと言うことが、評価されると考えてはなりません。

さらにまだ出会ったばかりであれば、子どもがいることなどのいろいろな事情を、話す必要はありません。今後付き合っていくことを深刻に考えすぎる必要はありません。あくまで優雅に過ごしてください。たとえば、離婚歴があるもの同士であれば、前の結婚から学べていて幸せになれる可能性もたくさんあるのですから、しっかりとルールズを続けてください。

さて、お子さんがいらっしゃるとしてその事情をどう伝えるか、ですが、いずれにしろ彼がお付き合いを申し込んできたら、子どもがいるということは、さらっと話してください。子どもがいる事情を面と向かって話すのではなく、「そうね、私子どもがいるの」と軽く話します。

くどくどと話したり、デートをするたびに、「子どもを今日はここに預けたから早く帰らないと」などと事情を理解してもらおうとしないでください。お子さんに対しては自分自身で時間の工面をしてデートをしていってください。もちろん、お子さんを気遣い、最初のうちは外でデートをしましょう。

自分の経歴を恥じる必要はありません。お子さんのことも誇りに思ってください。ただ、彼とあなたとの関係にまず、2人で集中をする必要があります。お子さんを含めて会えるまでには時間をかけてほしい、ということです。お子さんとの時間を大事にし、彼との時間も大事にしてください。そして明るく過ごしてください。

結婚を考え始めた男性は、あなたに離婚歴があったり、子どもがいたりすれば、知りたいことを聞いてくれるものです。そのときに穏やかに深刻にならずに話してみることが大切です。でもいずれにしろ、あまり深刻にならずに話していくことが重要です。

RULE

51

あなたに問題があっても、乗り越えられると信じること

Believe You are OK, Even if You Have Serious Problems

家族が何らかの問題を抱えていたり、ご自身の健康状態に問題をかかえていたり、いままでの生活で話したくないことがある場合は、どうしたらよいでしょうか？

基本的には、2人の未来に影響があることについては話す必要があるでしょう。嘘をついて隠して結婚をしてしまえば、後から信頼関係が崩れるといったことにもなります。けれども、その問題が終わっていて、2人の生活に支障がない場合には、話す必要はないでしょう。

具体的な例を挙げれば、遺伝するような何らかの特質をあなたなりあなたのお母さんやお父さんが持っているとしても、子どもを産まないカップルでは言わなくてよいこともあります。でも、お子さんを持つ可能性があるときには、結婚の話が出る前までには話さなければなりません。ご兄弟などに障害がある場合や、大学を中退している、などの事情も、ずっと隠しておくことが適切ではないと思えるならば、伝える必要があるでしょう。

あざなどは本人が気にしているだけで、自然にわかることですし、自分がしっかりしていたら相手は気にしないこともよくあります。自然に明らかになるものであれば、自然に明らかになったときにあわてないでいることが大切です。

ルールズをキチンとしてきたカップルならば、それらの問題を話しても、彼は彼女を愛しているため、乗り越えてくれます。とにかくルールズをすることに集中しましょう。そして、この問題で乗り越えられないならば次の人に行く、そういう強さを持っていることが、いい恋愛を呼び込むことは確かです。

✦

クライアントさんのなかには、生理痛がひどい方がおられました。彼にその説明をしたところ、「セックスできないなら、今週は会えないね」とまったく悪びれずに言ってきました。それどころか、「いつになったらセックスできるの?」とさえ聞いてきました。自分のマイナスの部分を彼が受け入れなかったときにも、正しい対応が必要です。

彼女と話したところ、彼女は会ってからすぐにセックスをしていて、さらに週に3回も会っていることを知りました。これではもう、どうにもなりません。セックスが早すぎますし、彼女に十分に関心を持ってもらえていないうちに、会いすぎました。彼の会話からも彼女を気遣う様子が感じとれません。この問題を乗り越えていけるほど、彼の愛情が深いとも思えませんでした。

彼女は彼にメールをしようとしていました。「私たちってどんな関係なの？　真剣なお付き合いなのかしら？　私の体を気遣ってはくれないの？」と聞きたかったからです。さらに彼女のお姉さんも、「彼が真剣かどうか、いますぐ聞きなさい！」と言ったのです。

私たちはそれを止めました。そんなことをしても、ダメなものはダメですし、時間の無駄になるからです。問題を乗り越えたくない人であれば、何をしても無理になります。彼が彼女を好きであれば、さまざまな問題を克服できるはずです。彼から大丈夫だよと言ってくれることでしょう。それよりも、もう一度インターネットに自分のプロフィールを掲載して出会いを始めるようにと、伝えました。

✦

つまり、どのような事情であれ、それを受け入れる、受け入れないを決めるのは男性です。説得をしたりあわてたりしても意味がありません。自分たちにできることは、男性が受け入れないのであれば次に行くと決めたうえで、自分自身を低く見積もらずにルールズを続けることです。

たとえば1回意見を言って、それで済むことであればよいでしょう。でも「どう思っているの？」から始まり、彼がまた不安にさせることを言って、また確認をとろうとして、彼はそれがうっとおしくなって離れていって……うまくいっていない関係は、いつもこんな調子です。それに、そういった問題を話し合おうとすることは、女性側の執着心を表しすぎてしまいます。

なかには、車いすの方や、乳がんなどの事情で片方あるいは両方の胸を失っている方々もおられますが、ご結婚をされています。また一時期とある病気でセックスをできなくても、彼が乗り越えてくれた人もいました。

そういった事情があって、どれほど受け入れられるかどうか心配されたことでしょう。私たちはときとして、いろいろな事情を相手に伝えるのに勇気がいることも、理解をしています。また受け入れられないのでは、と心配することもあるでしょう。けれども、ルールズで愛されていれば乗り越えられることはあります。

事情があっても、ルールズで深く愛されて結婚をされた方々がたくさんいることも、お伝えしたく思います。

RULE

52

一流の男性ほどルールズを活用すること

Do The Rules Even More if He is High-Profile

一流の男性ほど、このルールズはよく効きます。そもそも、一流の人ほどもてる傾向があり、女性のアプローチには飽き飽きとしています。

アマル・アラムディンはジョージ・クルーニーとの食事のデートを一度断って結婚をしていますし、ケイト王妃は、ウィリアム皇太子が結婚を決意できないときに、彼のことは気にせずにほかの人とお付き合いをしようとしました。その結果、彼は彼女にプロポーズをしたのでした。

オバマ大統領の妻、ミッシェルは、オバマ大統領の名前をＯｄｄ（変人）と間違えていたくらい関心がなかったのですが、そのためにオバマ大統領は彼女のことが大好きになりました。

政治家と言えば、ジョージ・ブッシュ前大統領もそうです。ジョージ・ブッシュは、職業が政治家だったため、お父さんと同じ建築業界の人がいいと思っていたローラには魅力的には映りませんでした。そんな出だしで始まった2人でしたが、ジョージ・ブッシュ前大統領がいまでもローラ夫人が大好きなことは、とても有名です。

また、歌手のビヨンセはルールズを使ったことを公言しています。「ルールズでうまくいっちゃったわ」と、USウィークリー誌でルールズを絶賛しています。ルールズを使って結婚もしました。

ルールズをしていようとしていまいと、「その男性に関心が少なく（ルールズでは、関心ないかのように装うことで）、普通に自分のことをしっかりとやっている」ということが、男性を情熱的にさせることはよくあります。

そもそも、仕事で忙しい男性が、「恋愛だけが重要」「あなたなしでは生きていけない」という女性では、一緒にいると自由に動けない感覚を受けるでしょう。また男性は「ちょっと距離を置きたい」と言い出すことがありますが、それは女性に追いかけられたり、もっと真剣になってと迫られる感覚があって、疲れたときに使う言葉なのです。

有能な男性は競争好きな面も持っています。それに自分に言い寄ってくる女性には飽き飽きもしています。有能な男性ほど、ルールズで手に入りやすくなるのです。

RULE

53

最終的な決着は2年までにつけること

Close the Deal
Within Two Years

彼からあなたに連絡をとり始め、水曜日までに彼がデートを申し込み、あらゆるルールズを守れたとしたら、1年から2年のあいだに通常は結婚を言い出します。

この素晴らしさがあるから、私たちはルールズを支持するのです。

いつもあなたのことを見つめ、あなたを大好きになってくれて、結婚も早かった、そんなふうになるためには、ルールズを守ってください。そして、1年から長くとも2年目には、決着をつけることが大切です。10代の女性であれば2年以上の時間をかける場合もあるでしょうけれど、年齢が30代以上であれば1年半でよいくらいなのです。

私たちは、このように期限を決めることを、「最後の決着を見届ける」と呼んでいます。

2年たっても結婚を言い出さないのであれば、そもそも長く一緒にいても結婚を言い出さないことでしょう。たとえ結婚を言い出しても、10年も20年も過ぎてほかに人がいないからとなると、あまり情熱的ではなく大切にされないところも出てきてしまいます。もちろん、10年付き合ってきたカップルがルールズを始めても効果がある場合もあります。とくに、いままで近すぎた距離を離してみると、相手が熱心になることもしばしばあります。何十年も付き会った彼と彼女でも、ルールズは練習として使ってもらいますし、それによって情熱がなくなった彼が情熱的になることもあります。

ですが、「鉄は熱いうちに一番ベストなタイミングで打つ」必要があります。最初からルールズをしていた関係ならもっともっと簡単に彼は結婚を言い出すのです。

1年半お付き合いしても結婚を言い出さないのであれば、私たちは次の人に行くことも考えるようにすすめます。彼に「私たちの関係ってうまくいっていると思う？　将来のことはどう思っているの？」などと聞いて、返事が煮え切らない程度にしかないのであれば、お付き合いをやめてしまうのです。「結婚をしてほしい」とは言いません。ただ、どういうつもりで付き合っているのかを聞くだけでいいのです。

この方法を私たちは、「連絡中断」と呼んでいて、ルールズを守れている関係であれば、相手は結婚を言い出すことがほとんどです。それで結婚を言い出さないのであれば、もう時間をかけずにほかの人に行くことです。無駄な時間を使わなくてすみます。

RULE 54
結婚を言いださない彼には、「連絡中断」をすること
If He Doesn't Propose, Start No Contact Policy

先ほどの章で説明した「連絡中断」の方法を使うと、復縁できたり、あるいは結婚を言い出す人も多くいます。そのため、私たちがこの方法を発表したのちに、多くの恋愛カウンセラーが世界中で形を変えてこの方法をとり入れ、女性たちに実践させてきました。そして非常に有効だとされた方法です。

連絡中断をしてダメであればすぐに次に行きます。実際には、連絡中断をする段階でもう、ほかの人と出会っていくことを積極的に始めるべきなのです。じつはそれをおすすめする理由があります。傷ついたとき、女性が次の出会いまで待てば待つほど、再び出会ってデートをするのが難しくなるからなのです。すぐに新たな水に飛び込めば、すぐに泳ぐことができます。

何年も付き合っているのに結婚の話がでない場合、連絡中断をして、その後、彼から連絡が（しかも結婚の申し込みが）なければ彼のもとを去る、という覚悟は決めていないとなりません。新しい人を探す、という気持ちを持って行わなければなりません。

覚悟を決めないと、連絡中断をしても、彼から連絡がなければまた元に戻ろうとしてしまうでしょう。その結果、何年も無駄に使ってしまうか、大事にされない結婚をするということになってしまいます。彼の愛情がはっきりしないときには、説得しようとするよりも、「いつまでもだらだらお付き合いをしているわけにはいかないわ」と言って一切の連絡を絶ち、別れてしまう必要があります。この連絡中断の方法をお伝えすると、女性たちはとてもショックを受けます。

連絡中断により、男性たちがその女性を愛しているかどうかの確認ができるのです。連絡中断を行って3カ月も連絡がないのであれば、この関係は終わりです。彼は結婚をするほど、あなたのことが好きではないのです。連絡中断はどのような場合にも使うことができます。この効果は絶大で、まるで魔法のように働くこともしばしばあります。

ウイリアム王子が結婚を決意できないとき、ケイト王妃はお付き合いをいったん止めました。その結果、ウイリアム王子が結婚を言い出したのは先に説明したとおりです。多くの人が、ルールズを知っていていなくても、この連絡中断の効果を経験しています。

RULE 55
ルールズガールズ同士で協力をすること
Get and Give Support to Other Rules Girls

ルールズのもう1つの特徴として、「協力する」ことの大切さがあげられます。

恋人や夫婦がうまくいかないのは、なんでもかんでも相手に話をして、彼に聞いてもらおうとするからです。追いかけてくれて、大事にしてくれて、愛してくれることと、だからといって愚痴をさんざん言って関係がうまくいくかは別問題でしょう。

ましてや、もっと愛してほしいなどの愚痴をその男性本人に言うことは、逆効果なばかりで意味がありません。困った悩みごとを解決するために、女性同士の友人や助け合いが必要です。

また、ルールズでは慣れないことをいろいろとしますから、ルールズガールズ同士がつながって励まし合い、助け合うことも非常に大切です。とくにルールズガールズは、同じルールズを学び合った人々ですから、ルールズを破ることがないように助け合わなければなりません。

たとえば、彼と別れたすぐあとや、メールが来ないからとメールをしてしまいそうになったとき、彼が情熱的でもないのに、ルールズはもういいやと守ることを諦めてしまいそうなとき、まわりにルールズガールズがいると、一体何を目的に頑張っているのかを思い起こさせてくれます。

✦

私たちはそうやって、多くの女性たちが結婚をしていくことを、この20年間見届けてきました。「連絡をとらないで。先に行くの」「そんなダメな関係にしがみついてはいけないわ」。泣きたいとき、どうにもならないときは、ルールズガールズ同士で支え合うことができるのです。

恋愛ばかりをしていて、友だちをなくしてしまうような関係性は、不自然です。友人も大切にしましょう。

ルールズガールズが助け合うことの、もう1つの素晴らしい点は、結婚される方々を見ていると、自然にほかの人々も勇気が湧いたり、成功をしていくことが増えることです。

Chapter 5

メールのルールズ

The Rules for Texting

RULE 56

メールやLINEの返事は時間を置くこと

Wait 24 Hours to Answer his First E-Mail

メールやLINEで連絡がきたら、どのタイミングで返事を返せばいいでしょうか？

携帯メールやLINEなどで四六時中連絡をとり合っている世代には重要な問題です。

どのような連絡が来ても、一番最初の連絡には、4時間ほど時間を空けてからお返事をするようにしてください。これは20代の女性へのアドバイスです。30代の女性ならば、仕事もあるでしょうし、またもう少し忍耐強く待てる年齢ですので、12時間ほど空けても大丈夫です。40代の女性であれば、1日空けても問題がありません。しかし、20代の女性でも、空ける時間が4時間とはいっても、学校の時間や仕事をしている時間にちょくちょく返事を返すのは望ましくありません。ほかのことを何もしていないような印象を与えてしまいます。学校や仕事が終わるまで返事を待ってもよいでしょう。

さて、2度目以降のメールやLINEの返事については、30分ほど空けてください。もっと彼の注意を引きたければ1時間ほど空けます。ただし相手におかしく思われないように、待ち時間はバラエティに富んでいてよいのです。つまり、15分にしてもいいでしょうし、30分のときもあるでしょう。要は、「何が何でもすぐに返事をしなきゃ」という不自然な態度をやめてください。

また、2度目以降であっても、夜8時過ぎに送られてきたメール、それが早すぎるというのであれば、遅くとも夜10時以降に送られてきたメールについては、翌日の返信にしてください。とくに望ましくないのは、夜中に送るメールです。夜中にメールを送る女性たちは依存的な傾向があり、いずれ飽きられてしまったり、重たい印象を持たれたりしてしまいます。連絡をしないと不安定になるのはよい兆候ではありません。

相手が暇つぶしの相手をしてくれるとしても、いつも返事がすぐに帰ってきて、夜中でもいつでも話ができる女性は、携帯に依存をしている印象を持たれますし、チャレンジしたい相手ではなくなってしまいます。

会話がしばらく続きすぎてしまう場合も、ところどころ時間をあけましょう。また、携帯のメールやLINEのやりとりの場合、1回話しかけられてから続く会話は、数分で終わらせましょう。だらだらと話し続ける必要はありません。

スカイプなどの場合は、15分、長くても20分以上は話をしないようにしましょう。そしてスカイプの場合、インターネットなどで知り合った相手で、あなたと話した後でもログインしているのであれば、ほかの女性とも話していることを考慮しましょう。もしあなただけではないならば、真剣にはなりにくい相手です。削除しましょう。

いずれにしろ、どんな会話でも、デートに誘ってもらうことが目的です。メールやチャットなどで相手とつながると思わないでください。会話は相手の会話よりも短くしておくことが大事です。

でもこれらは平日の話です。土日、祭日などは、暇人の印象を与えてはなりません。別に忙しいビジネスウーマンを演じる必要はありませんが、「私には何の予定もなくて、あなた次第なの」という印象を与えることはやめてほしいものです。

自分の生き方がある女性は、とても生き生きしているように見えます。そしてそれは、実際に自分の生き方があるかどうかよりも印象の問題なのです。

きちんと自分の生き方を持っていても、いつも返事を早く返したり、会話が長い人は、他にすることがない印象になります。生き方が確立されていなくても、自分の時間を大事にしていたら、価値がある女性のように見られるものです。

そもそも、どうして最初は熱心にデートに誘ってきたのに、だんだんと熱心ではなくなったり、ドタキャンをしたり、ひどい扱いをするようになるのかを考えてみてください。暇でほかにすることもなく、追いかける必要もないのなら、だんだんと扱いが悪くなることは当然のことではありませんか。

ＬＩＮＥのスタンプについては、男性がスタンプを使い始めて、スタンプのラリーになったら、もうその会話に飽きていたり、相手の気持ちのなかではすでに会話が終了していたりします。女性が気づかないため、気を遣って続けてくれているのです。もう終了したいのだけれど、女性に悪いと思って続けているのです。そうなる前に、自分の会話を終わらせましょう。

またＬＩＮＥを既読にするかどうかについては、既読のままにしておいても、返事を書く時間に注意しておけば、問題がありません。あなたは忙しいんだなと、彼は思うでしょう。しかしあなたがとても意思が弱くて、読んでしまうとすぐに返事をしたくなってしまう、というのであれば、しばらく既読をつけなくてもよいでしょう。

さてみなさん！　男性のメールよりも自分のメールのほうが明らかに長いというのであれば、話を聞いてほしいとか、携帯に依存しすぎている部分があるのかもしれません。またそのように連絡を長くしてしまえば、男性からあなたを積極的に誘いたいという気持ちを失わせてしまいます。

なぜ私たちはこんなにくどくどと長くこの話をするのでしょうか？　それは、ルールズを実践できるようになり、男性から追いかけまわされるまでは、女性が携帯で男性よりも長く話すことは女性の魅力を失わせてしまうといくら教えても、話し始めると止まらなくなってしまうからです。そのため、口を酸っぱくして教えないと、変えられないのです！

携帯のメールやＬＩＮＥの会話は短めにしましょう。それらは話し込むツールとしてではなく、相手がデートに誘ってくれるためのツールなのです。相手がデートをしたくなり、話を聞きたくなるように短めに、そしてすぐに返事を返すのではなくて、少しおいてから、これはとても効果的です。

なお、メールやＬＩＮＥでは余計な質問をしないことも、ルールズでは重要です。女性は関心を引こうとして、また会話が好きなために、相手にいろいろな質問をしてしまうものです。するとやりとりが長引き、相手はデートに誘う気はなくても、ただ気分よく話してみたり、女性に悪いと思って話を合わせてみたりします。これでは、ただのメール友だちができるだけです。ルールズでは目的ではない関係はすぐに削除します。あなたが自分を愛してくれる男性を引き寄せるために、これは重要です。

✦

ルールズガールズに普通に起きることをご説明しましょう。

クライアントのジョアンはパーティで出会った男性から携帯の連絡先を聞かれました。これは、情熱的に愛されていくルールズができる始まり方です。そして彼から「今日はありがとう、楽しかったです」とメールがあったため、彼女は私たちに相談をしてきました。でも少し待つように言いました。彼女は4時間ほどおいてから、「ありがとうございました」と返事をしました。「何をしているの?」と彼からまた連絡が入ります。

ここでいろいろ説明をしたくなるのが女性の癖。私たちはそれを止めました。なぜなら、ここで仕事のことを話したり、あなたはどうしているのと聞いたりすると、男性はデートに誘わずに、メールで話をしたような気持ちになってしまうからです。第一印象がいいものであり、その後に愛されたのだとしたら、どんなこともたいていは受け止めてくれるものです。でもいまの段階でジョアンが話しすぎてしまえば、受け入れがたいものもあるかもしれません。ジョアンを誘う気持ちさえ薄くなりがちになるでしょう。

ジョアンは返事をしたがりましたが、返事を待っているあいだに、彼からもう1通のメールが入りました。「今は忙しい?」。彼は彼女のことが気になり始めているのです。そうそう、ルールズが働くときには、このように相手からの連絡が多くなります。でもそれは夜のメールだったので、次の日に連絡をとるように私たちはアドバイスしました。

そして次の日、彼はとうとう「いつ会える?」と言い出しました。ここで、あなた方もメールをどうして短くしたり、時間を空けたりするのかがわかったかもしれませんね。ルールズが働いている経験をすれば、あなたは何のためにそれをしているか、そのときに明確になるでしょう。

RULE

57

週末の日中にメールやLINEは返さないこと

Don't Answer E-mails, Texts and Lines on Weekends

通常、金曜日の夜から土曜日を通して日曜日の夕方までは、ルールズガールズは連絡をしません。土日も暇をしているわ、という雰囲気を出してはいけないからです。彼以外のことに自分の時間を使ってください。家であなたがどんなに暇をしていても、パジャマで1日を過ごしていてもかまいません。ちゃんと自分の時間をとればいいのです。

ただし祭日に連絡をとってよい例外として、水曜日前にデートに誘ってくれて、その連絡事項が来てお返事を書く場合には、土日に連絡をしてもかまいません。

いままで「連絡はいつ来るの」と待ち続けていた時間を、ほかのことに使ってください。あなたしか楽しいことがないのという退屈な女性には、相手は関心がないのです。

Column ＊ メールを有効な恋の手段にするには

ルールズでとても重要なのは、メールや電話、ＬＩＮＥなどの道具は、デートを誘うツールでしかないと認識することです。

それ以外の目的に使ってしまうと恋愛がうまくいきません。電話やメールやＬＩＮＥでだらだらと話し続けていると、もうデートに誘うのはいつでもよくなってしまいます。

女性は「長く話せた、心が分かち合えた、だからもっと深く愛される」と思うかもしれませんが、会話をした時間の長さと愛情の深さは関係がありません。それに片思いの相手とどれだけ長い時間話をしても、うまくいかないことは経験積みではありませんか？

そもそも女性は返信がないことを、友人間でさえ心配します。でも男性は仕事に熱中していたりしたら、忘れたりもします。そんなにいろんな話題をいちいち話したりしないこともあります。用件のみで済ませることもあります。

男性から見れば、仕事もせずにメールばかりしている男性は、ダメな男性と思われます。「相手にすぐに返事をしなきゃかわいそう」と思ったところで、それは女性同士では評価されるとしても、男性同士ではそうではありません。女性はよかれと思ってたくさん話をしても、男性の評価はいつも暇な人になってしまいます。あわてずに待てたら、もっと愛される機会が待ち受けているのですから、忍耐は必要です。

あなたはいままで、「逆」をしてきたのかもしれません。彼は忙しくてメールが来ないこともあるというのに、自分はそれが寂しくてメールをし続けていたかもしれません。

忙しい女性を装い始めたら、メールを何時でも返せるという雰囲気で待っていたときとは、男性がどう変わるか見てください。彼に関心があれば、必ずあなたのことを気にし始めることでしょう。ルールズは生き方です。ですから、続けていく必要があります。あなたの目的は、「あなたを好きな素敵な男性が現れた」ときに、その人が確実にあなたを好きになって追いかけて、幸せになることなのです。

そして、メールやLINEでも、もちろん、会話は相手の会話で終わらせてください。そうすると不思議なことに、相手があなたに関心があれば、会話が増えてきます。問い合わせが増えてくるのです。

いつも彼が何かを言うたびに言葉を付け加える女性は、親切にしているつもりなのでしょうが、大切にされるチャンスを失っているのです。何かを言ってあげないと寂しいんだわと、勝手な思い込みをして、ある意味、男性を見損ないすぎています。そして、男性がその女性を追いかけるチャレンジ精神を失ってしまうのです。

「メール」「LINE」の注意点

1. 自分から送らないこと
2. 最初に彼から連絡が入ったら、その返事には4時間あけること、それ以降は30分あけること（1回目のお返事は、仕事をしている人なら12時間、40代以降であれば1日明けても大丈夫です）。
3. 夜中に連絡を返さないこと
4. 数分でメールやLINEのやりとりを終えること(何時間も話しているのはだらしない印象です。自分の人生がある人はそんなことはしません。あなたもそうしてください。そしてなんでもかんでも報告をしようとしないこと!)
5. セックスのメールをしないこと!（そんなことをしたら、男性は陰で友だちに自慢話をしてしまいます）
6. どんな画像もメールも、もし別れたら持っていてほしくないものは、送らないこと
7. 同じことを二度聞かないこと（返事が来ないから何度も連絡をするのは、落ち着きのない

印象を相手に与えてしまいます）

8. 絵文字やＬＩＮＥのスタンプをあまり頻繁に使わないこと（幼い印象を与えてしまうのと、男性に媚びている印象を与えてしまうからです）。

9. 酔っているとき、悲しいとき、不安なとき、感情的なときにメールをしないこと（絶対に後悔します）。

10. 彼が書いたメールの分量よりも短くすること（メールやＬＩＮＥでの会話はデートではないのです。自尊心をもち、人生にバランスがとれた女性ならば、メールやＬＩＮＥにそれほど時間をかけていないはずです）。

Chapter 6

お見合いサイト・パーティのルールズ

The Rules
for Dating Sites and Parties

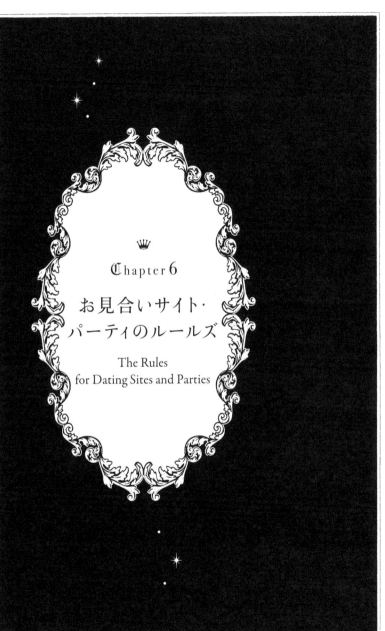

RULE

58

お見合いサイトやお見合いパーティにも柔軟になること

You Should do Online Dating and go to Omiai Parties

出会いがあまりない状況にいる方は、インターネットでお見合いサイトに登録したり、お見合いパーティに参加するなど、出会うための場所に行ってみてください。というのは、デーティングサイトやお見合いパーティで出会い、ルールズを実践して、情熱的に愛されて結婚された方々も、当然のことながらたくさんいるからです。

離婚歴のある40歳のクライアントの女性は、インターネットでの出会いにひどく反対しました。もうそんなことはしたくはないと言いました。でも、とにかく私たちは説得をしてサイトに写真を掲載しました。そして結局そこで出会われてご結婚されました。

インターネットで出会うことやお見合いの場所に行くことに躊躇をするお気持ちはよくわかります。しかしあらゆる可能性を試してみましょう。学んでほしいのは、いろいろな場所に出かけたり、試せるものを有効に使おうという意欲と姿勢です。出会えるために、何をしているか、どんな心境でしているかが大事なのです。

ほかのクライアントさんは、いまから3年前に私たちと相当に議論を交わし、結局はインターネットでの出会いを試してみることにしました。というのはもう彼女のまわりには、男性はいなかったからです。彼女の化粧と服装を整え、そして軽いさわやかなプロフィールを作成しました。

彼女はそれから、パイロットの男性に声をかけられて結婚をしました。私たちにはそういった実証があるのです。

✦

インターネットを試すとき、「きっと会社の人が見るに違いないわ」「私はマネージャーなのよ。部下に見られたら生きていけないわ」という女性がほとんどですし、それにお見合いのような場所に行くことも、「とんでもない、くだらないあまりものの男性しかいないわよ」とか、「何度もやってみたけれど、ろくなことにはならなかったわ」という意見を聞きます。

そうです。嫌なこともあるでしょう。変な男性に会うことだってあるし、なかなか相手に出会わないから嫌になってしまうこともあるでしょう。

インターネットでは気をつけないといけないことが山ほどあります。なかにはすぐに愛していると言い、お金を請求する詐欺師もいました。ほかには、出会ったとたんに体の関係を持ちたいだけの人だって、プロフィールに別の男性の写真を貼っていた人に会ったという報告までありました（なかにはご自身の息子の写真を貼り付けている男性もいましたし、20年も前の禿る前の写真を掲載している男性だっていたのです！）。

インターネットだけで恋愛をして、会えない人もたくさんいます。でもそれでも、インターネットをやりたくないと文句を言っていた女性たちが、私たちがアドバイスしたことで結婚していった事実を、私たちは見過ごすわけにはいかないのです。要は文句を言っていた女性たちであっても、インターネットでの出会いやお見合いで成功をした例があるということです。

「仕事の知り合いに見つかったら恥ずかしい」ということであれば、考えてみてください。見つかった、ということは、その見つけた人もサイトで出会っていこうとしている人なのです。ということは、その人自身がそれほどサイトに抵抗がない人なのでしょう。あなたが心配をする必要はありません。

また、ほかの人がどう思うかよりも、自分の夢を優先させたほうがいいのではないでしょうか。ご自身が運命の人に出会うという気持ちをしっかり持っていたとしたら、1

つのツールとして試してみることは適切でもあるのです。

運命の人に出会いたいと意気込んでも、出会うときに一番心配をします。それはどこかで本気ではないからだと私たちは考えています。自分がいろいろして傷つかないことのほうが、出会うよりも本心では大切な選択なのかもしれません。

インターネットでの出会いに抵抗があれば、ほかのことでもかまいません。会社の帰り道にどこかへ寄っていくなど、何らかの方法は始めてみるべきでしょう。

私たちは、「出会いはジムに通うのと一緒。体を鍛えるのに、考えていたってしょうがないの。ただ行って体を動かすだけだから」と言っています。考えれば考えるほど勇気がなくなって、時間が経てば経つほどやらなくなります。

インターネットは出会うための1つのツールです。ほかのものと併用をするのもいいですし、柔軟にとり入れてみてください。

RULE

59

小さなことでもいいから、必ず出会いを始めること

Make a Beginning, Start Small but Do Something!

近年は、出会いの仕方もいろいろと変わってきました。私たちは20年前には、インターネットでの出会いなんてルールズはうまくいかないのでは、と心配をしましたが、インターネットを使った出会いでもルールズは有効であることがわかってきました。

その情報が蓄積された現在では、安全なインターネットサイトならば、出会いを求めていくべきであると考えています。

たとえばフェイスブックでも、写真を載せてみるだけでもいいのです。そうしたことから気に入って探してくれる男性たちがいます。あるいはお友だち同士のお付き合いで、写真から会えるようになっていく人もいるでしょう。

あなたの写真を載せることは、どこかで怖いと思われるかもしれません。でもほかの人々が安全に使っている例があるのであれば、知恵を使って安全に使うべきです。

いろいろなことにチャレンジをし、チャンスを呼び込んでおくことは、とても大切なことです。

先にお伝えしたように、どこかのサイトに写真を載せること、同時に家に引きこもらないことは、心の健康を保つうえでも大事なことです。

図書館、映画館、食事に行く、何らかの会合に行ってみる、趣味を広げる、どんなことでもよいので、男性がいる場所に出かけていってください。でも一番望ましいのは、女性と出会いたい男性がいる場所、声をかけやすい場所に行くことです。

RULE

60

明るい笑顔の写真を2枚掲載すること

Post Two Smiling Photos

とにかく掲載する写真には、気をつけてください。その人らしくてよいのですが、かといって意味のわからない写真を掲載しないでください。

スキューバダイビングのときの、顔を隠した写真を掲載している人がいました。いったいそこにどんな男性が寄ってくるというのでしょう？　ですからもちろん、替えさせました。太っているのにピンクのビキニを着て、まるでビーチボールじゃないのという女性までいました。コンプレックスを出して笑わせようとしているみたいです。そんなことをする必要はありません。太っていたとしても、女性らしく自信を持って装った写真を掲載してください。また似合わないのであれば、メガネをかけるのはやめましょう。

似合わないのであれば、なんでもやめてしまいましょう。

そのように自分勝手な思い込みで、いいと思う写真を掲載しないでください。面白いことは、彼女たちはこれらが自分らしい写真だと思っていたことです。そのような思い込みを外すためには、ほかの人に見てもらうといいでしょう。すると、自分がいいと思っている写真と違うものが選ばれることに気がつきます。自分ではきれいだと思っていても、その人らしくない写真はほかの人が見ると不自然だったりするのです。

ルールズで大事な原則は、まず「相手に気に入ってもらう」ことです。写真は「自分がいいと思った写真を見て自分が満足をする」ためのものではないということです。

太っているなら、ダイエットをしてみることも大切です。自己管理することを学べますし、そのように努力をすることも、私たちはセクシーだと思います。よい習慣を持つことによって、自分に誇りを持てるでしょう。健康的な食生活を習慣とすることや、気分がいい運動をすることも、素敵な写真を撮るために必要なこともあるでしょう。

写真は2枚、顔と全身です。とくに明るい笑顔の写真を掲載してください。17枚も掲載していた人がいて、どんなに男性に飢えているか表しているようなので、やめさせたこともあります。その人の顔や全体の雰囲気がわかれば十分です。なお、整えなければならない外見については、RULE3に書いた通りです。2枚の写真が無理であれば顔写真を掲載してください。彼が気に入れば、あなたに連絡をしてきます。

RULE 61

プロフィールは簡潔にさわやかに書くこと

Write a Light and Breezy Profile

掲載するプロフィールは短めに書いてください。本当は何もいらないくらいなのです。サイトのプロフィールを読まない男性はたくさんいます。写真だけを見て申し込む男性もいますし、何らかの条件で検索をしたとしても、そのなかからやはりプロフィルではなく写真などで、この人なら好きになれそうだと思えるものに連絡をとるのです。

長い日記みたいなものを書く必要はありません。要望を書く必要もありません。「信じられる人と出会いたいです」というプロフィールを書くと、まるでいままで騙されてきたみたいです。感情的なこと、深刻なこと、ものほしげな様子、将来の望み。これらはインターネットのサイトでは望ましくありません。深刻に書き込む必要はないのです。

出会いが始まれば、プロフィールは目的を達しています。プロフィールで「こんな男性が好きなんです」と書いたって、そのような男性に好かれるわけではありませんし、「誠実な人がいいです」と書いたところで誠実な人がそのプロフィールを見て感動をするわけでも、申し込みがやってくるわけでもありません。

あなただって男性が、こんな人が好き、あんな人が好きと長い文章を書いていたところで、惹かれないのではないでしょうか。好きになれそうな人だと思って初めて、書いている内容を見て自分と合いそうかどうか調べるのです。

とにかく会ってもらえてからが勝負です。無理して長い文章を書かなくても、そこからルールズを始めていけるのです。実際、短いほうが効果的なのです。

もちろん嘘を書く必要はありません。いくつかの事実を書けばいいのです。たとえば、学歴の項目に嘘を入れる必要はありませんし、年齢も嘘を入れるべきではありません。書き込むことは、趣味や好きな本など、さわやかな事柄にしてください。けれども、好きな映画などでもあまりにロマンチックな内容のものはやめておきましょう。

相手があなたを見て気に入ることから始まってルールズをしていくと、相手はあなたを情熱的に好きになっていきます。そして、そのなかから、あなたがぴったり合いそうだという相手と、あなたは関係をルールズで築いていけばいいのです。

RULE 62

サイトでも自分からは連絡をとらないこと

Don't Contact Him First on the Site

サイトでも、自分からはアプローチをかけないでください。お見合いサイトに登録する人々は、積極的に素敵な女性を探しています。気に入った相手には、彼らは自分から連絡をとるでしょう。それなのに、経歴を残したり、足跡を残したり、アプローチをかけたりしたら、「この人は自分に関心があるから、話ができるかも」という気持ちで誘いをかけてきます。

また、きちんとメッセージが来たのであれば返信をしてもいいですが、関心があると示してしまうような、ポチッと押せるような何か、たとえば、ウインクには返事をしてはいけません。ウインクは適当にいろんな女性たちに送って反応を見ているものだからです。つまり、いろんな人々に送っているということです。なにせ、5分のあいだに40人の女性にだって送れるのです。ウインクに引っかかった人に話をしようと考えている男性もいるでしょう。

この女性と話してみたい連絡をとりたいと思ったのであれば、何らかの接触があります。つまり、そうではないということは、それほど真剣ではないのです。もう1つの理由は、ウインクを返した場合、その男性に関わりたい気持ちを返してしまうため、純粋なルールズが始めにくくなるからです。

「とても感じのよい女性だな、どうしたら興味を持ってもらえるだろう?」。男性は、そう思うと気持ちが高ぶります。ですから、1行でもいいので、あなたに何らかの連絡をくれる人を待ってください。

なお、サイトでメールが来たら、お返事は、時間を空けて行いましょう。決して男性を探し回っている雰囲気にしないでください。

いままであなたは、気持ちを高ぶらせて何とかしたいと思えば思うほど、自分が熱心になってしまうけれども相手は冷静、そんな経験があるかもしれません。でも今後は、あなたに熱心になるのは相手です。そして、あなたは愛してくれる人と結婚をするのです。

RULE 63

ログイン状態を隠すこと

Make Yourself Invisible Online!

ログインをしたらわかるもの、チャットができるものは、「Invisible」、つまり、ログイン状態を隠すようにしておいてください。

メリッサは、フェイスブックでログイン状態がわかるようにして、いつも友人たちと話をしていました。もちろん、話しかけられたらいつでも応じていました。

そんな彼女は恋愛がうまくいっていませんでした。彼女はそれでも、「チャンスがあるところでは、どこでも話しかけてもらわなきゃ」と考えていたのです。

でも、たとえ友人たちとたくさん話ができたところで（そしてそこに男性がいっぱいいたところで）、いつでも簡単に連絡をとっていた関係から、恋愛がうまくいくことはないでしょう。少しはミステリアスにしないといけません。

ジェニファーもそうです。出会い系サイトで常にログイン状態にしては、男性からチャットを申し込まれることを、期待していました。

チャットは楽しい印象がありますが、あなたを気に入って話しかけるという手間がありません。何かいつもどこでも一緒にいるような変な錯覚にも陥ります。とてもお手軽な感じです。その場でログインをしている人にちょっと話しかけるだけでいいのですから、相手には暇つぶしにもなります。でも暇つぶしの相手になる必要はありません。

それにチャットをいつもしている女性は、暇な女性という印象を与えます。ちっとも優雅ではありません。チャットをするとしても、10分以内に切り上げてください。「もうそろそろ行かなくちゃ」「料理が焦げそうなの」「外出する時間だわ」「インターネットの接続がよくないから」……理由はなんでもかまいません。

でもそれは、あなたにとって難しいかもしれません。私たちの方針は、誘惑があって乗り越えられないものは、やめてしまいましょう、というものです。

最初はチャットなどしないつもりでも、どうしてもチャットをしている人々をチェックしてしまったり、ちょっとのあいだならばいいだろう、とログイン状態を明らかにしてしまって話し込んでしまうのであれば、もうそのサイトには入り浸らないほうがいいでしょう。

RULE 64

サイトで出会う人は、まだよく知らない人だと心得ること

Be Safe, Remember He's a Stranger!

インターネットのサイトでは、次の人々に注意をしてください。

●誰にでも声をかける人

誰にでも声をかける人々がいます。彼らは写真を載せていようがいまいが、声をかけています。そしてただ恋愛をしたいだけで、何年ものあいだ、インターネットで女性を探し続けています。

●遠距離に住んでいて来てほしいと言う人

遠方に住んでいて、すぐに「来て」と言う人、「家に泊まっていいからね」と言う人。これらの人たちは、恋人にはなりません。このような人と出会い、会いにいったところ、彼には恋人と呼ぶ人がたくさんいた、という女性たちが山のように私たちに相談を求めてきました。

たとえば、アンヌ。インターネットで彼女は、ハンサムなフランスの男性と出会いました。彼から声をかけてきてくれて、話は合うし、彼の好みも彼女とぴったりです。彼らはとても親しく話すようになりました。

彼はそのうちに、家に来るよう言ってきました。私たちはアンヌにこのことを相談されたとき、もちろん、安全面もあって止めましたが、彼女は聞く耳を持ちませんでした。彼のご両親もいるから大丈夫だというのです。彼女はすぐにフランスに飛んでいきました。

彼は愛していると言ってくれているし、問題はないと彼女は思ったのです。そうして甘く、素晴らしい1週間を過ごしました。

でもそのうち、彼によく似たプロフィールがネットにあることに気がつきました。彼女は気になってほかの人の名前で話かけたところ、なんとその彼だったのです。彼女はあろうことか、別人に成りすまして、同じように誘うかどうかを見てみました。当然彼は誘ってきました！　誰でも家に呼んでいるのです。このような男性の犠牲になることは、よくありません。

●最初から「体の関係だけ持ちたい」ニュアンスのことをメールで言ってくる人

そういった男性たちは、「深刻にならない関係で、気軽に楽しいお付き合いを求めているのですが、あなたはどうですか？」などと、最初から体の関係だけを持ちたいと確かめてきたりします。そういった言葉の意味を理解しましょう。

いい意味に解釈をする必要はありません。そういった人々に関わる必要もありません。ある意味彼はとても正直に彼の望みを言っていますから、いくら素敵な人でも、あなたとは目標が違いすぎます。

●会ってから「体の関係だけ持ちたい」と言う人

最初のデートでそういう提案をされることがあるかもしれません。ルールズは運命の人に愛されるということを目標にしていますから、彼らに関わっていると、ろくなことにはなりません。

かといって怒る必要はありません。あなたはそのように誘われるほど、魅力的だったということです。そういった人々はお食事をごちそうしてくれるかもしれません。デートの練習にはなります。しかし、彼からそのような提案が出てきたら、次に行きましょう。

●会ってから「結婚はしないけれど、付き合っていきたい」と言う人

これらの人々との付き合いも避けてください。というのは、いくら自分のほうで上手にコントロールできればいいと思ったとしても、その人をあなたが本当に好きになってしまったら、悲惨なことになるからです。またルールズにはならないからです。

こういった言葉を最初に言ってくる人々は、もうそういう付き合いをしたいと心に決めているので、どんなに付き合っていってもそれが変わることはありません。

●会ってからすぐに体の関係を持ちたがる人

体の関係を持ちたがること自体は男性の本能ですから悪くはありません。関心を持つ人に対しては当然のことです。ただ、ルールズを続けて、十分に時間をかけて、あなたを本当に好きかどうかを見ていく必要がありますし、もし彼があなたを好きならば、もっと情熱的になってもらう必要があります。早すぎると関係がうまくいきませんし、彼がもし体の関係を持ちたいだけならば、いずれにしろ長続きすることはありません。

男性は女性のように、「体の関係を持ったから好きになる」ということはありません。体の関係だけならば、体の関係だと思っているのです。次にさっさと行くべきです。ルールズをして、自分に関心がある人を探しましょう。そしてその人に、どんどんあなたを好きになってもらいましょう。

●会ってもいないのに「愛している」と言い出す人

このような人々のなかには、ほかの人の写真を掲載して誰かになりすまし、数週間も話をした後に、会いに行くためにお金が必要だからとか、あるいはいろんな事情がおきたので振り込みをしてほしい、などと言ってくるアフリカの詐欺集団もいます。

どんなに愛していると言ってきても、金銭の振り込みを言い出した時点でアウトです！そのように、インターネットで愛していると盛り上がることは、とても不自然です。裏があるのかもしれませんし、すぐにそういって口説くわりには、長続きしない人だっています。

彼はゲームをしているのかもしれません。インターネットはただの会う道具であり、その後、しっかり会ってお互いに合うかどうかを確認する段階が必要です。急激に盛り上がってしまう恋愛はもろくもあります。しっかり時間をかけることは大切なことなのです。

ある女性は、インターネットで出会った彼と、ルールズなんてしなくても相手が自分を愛しているからと言って、相手のことをよく知らないままに結婚をしてしまいました。その人は暴力をふるう人であることが後にわかりました。離婚というつらい経験を経て、彼女は離婚後、もう一度、男性と出会っていくことに決めました。

彼女に声をかけてくれた人々と、今度は慎重に彼らを観察しながら行動に移しました。前の経験があるので、好きだという気持ちにごまかされずに相手のことをよく見ることができました。

そうしていたところ、彼女の友人が、ある男性を紹介してくれたのです。彼は弁護士で、彼女より3歳ほど年が上でした。そして、今度はしっかりルールズを守り、再婚にこぎつけたのです。

相手としっかり会って話すことをしないで、すぐに結婚した場合、隠れていたさまざまな問題が、後から出てくることがあります。きちんとしたデートを積み重ねていくことも大切です。これも恋愛に依存していたり、彼がいないとダメだという考え方をしていなければ、客観的にわかってきたことです。

またインターネットで出会った人と、すぐに2人きりになることは避けましょう。すぐに車に乗るなどという、非常識な行動をしないでください。

インターネットで出会った人々は、まだあなたがよく知る人ではありません。いい人々もいて、結婚もたくさんの方々がしてきました。だから有効ではあるのです。でも相手を選ぶのに、知恵は必要です。

何度も言うように、ここで述べた人々は、じつはルールズをしていたらすべて避けることができる人たちです。私たちが気をつけてほしいのは、「呼びつけるのではなく、会いに来てくれることがとても重要」「相手と会っていないうちは、本当の恋愛ではない」「しっかりと時間をかけて相手と知り合う」という3点です。会ってから、すべてが始まります。

RULE 65

サイトの出会いでもルールズを守ること

Do The Rules for Online Dating

インターネットのお見合いサイトでは、「恋愛を求めている割に、本心は結婚をしたくない男性」「誰に対しても要求がましくて理想ばかり追い求め、誰も愛さない男性」「いろんな女性と関係を持ちたいけれど、それを言うと印象が悪いから、人を愛したいと言っている男性」などさまざまな男性がいます。

もちろんそのような男性の数は多くはありませんが、これらの人々は最初は情熱的ですごく女性を大事にしている感じがするかもしれません。それなのに、毎日話しているうちにだんだんと連絡が少なくなって、すぐにほかの女性を探し求めるものです。

そういった男性たちと付き合っていっても、時間の無駄になってしまいます。ルールズは最初からそういったいらない人たちとの縁をつくらなくて済む方法です。そのためにもぜひ、最初の連絡が来て4回目までのやりとりで会おうとする意思がないのであれば、次に行ってください。

うまくいかないときに、どうしてルールズに当てはまらないのかと相手を分析したり、理由を探ろうとしなくてよいのです。ただ事実を見て、ただ違うのであればほかの出会いも探しましょう。

きちんとルールズをしていけば、いつの間にか真剣な人とお付き合いをしています。自分を愛してくれる男性と出会うとすぐにわかります。ルールズをしていくと、こんなに簡単に行くんだ、いままでの恋愛はなんだったの、と思うでしょうし、あちらから連絡が来続けたりして、不思議に思うこともあるでしょう。でもそのときに、それがどんなに幸せかも、味わっていってください。

RULE

66

アプローチが来ても、ふさわしくない人は排除すること

Screen Out Mr.Wrong When He Writes to You Online

インターネットなどでプロフィールを掲載し、男性から連絡が来たら、いよいよご自身からも連絡をとります。では、どのようなものに返事をすればいいでしょうか？

1．たとえば、その男性の経歴が明らかにコピー＆ペーストをしているような経歴なら、削除してください。こうした人は、みんなに送っています。付き合うのは誰でもいいのかもしれませんし、仮にあなたと会うことになったとしても、ほかの人にも声をかけ続けるでしょう。これは私たちの経験上言えることですが、いらないものには関わらないほうが、いい出会いにたどり着くことができます。

2. 写真がない人については、「写真を送っていただけますか?」と請求してみましょう。彼のほうがあなたの写真を見て連絡してきているのに、彼が写真をそれでも送らないのであれば、その男性は怪しい点があります。彼とは連絡をとらなくてよいでしょう。

3. 写真が好みでも、べた褒めしないでください。そして軽い会話を続けてみてください。

4. プロフィールの内容は、話題にしないようにします。チェックをしていると知られる必要はないのです。彼とお付き合いが始まれば、本当の彼の姿がわかるでしょうし、いろいろなことを教えてもらえるでしょう。

5. 返事がないときに彼に連絡をしてはいけません。連絡が来なければ、何らかの理由があります。そしてそれを知る必要はありません。次に行きましょう。

6. インターネットのサイトには、非常に怒りっぽい人々もいます。彼らは無理難題を押し付けます。こういった人々には、もちろん、関わる必要はありません。

7．４回目のやりとりをしても向こうが誘ってこないのであれば、次に行くことです。これは非常に重要なことです。

「自分以外とは話をしないでほしい」と言ってくる彼に出会ったエレナは、後々彼が振り込みをさせようとする詐欺師であることに気がつきました。

物の見方が偏っている男性と出会ったヴァイオレットは（私たちはそのメールをみて連絡はとらないようにと注意をしましたが）、その男性と電話で話をしてしまいました。その結果、男性が「自分の話を全然聞いていない！　このブス」と後から書き送ってきたのです。あなたは情緒が不安定な人のカウンセラーではありませんし、ボランティアをしているわけでもありません。話しかけられても、「怪しいな」と思えば返事をしないでください。

スザンヌは、スカイプで医師の男性に話しかけられました。奥さんを亡くしている方です。彼は「あなたと付き合いたい」「愛を真剣に求めている」と書いてきました。スザンヌは、喜び勇んで電話で親しくなっていきましたが、毎日毎日話すうちに連絡がなくなりました。

毎日話しすぎたのに問題がありすぎですが、「愛を探している」という男性のなかには、幻想の女性を求めているだけの人もいます。女性はそういうときに、自分のせいでうまくいかないとか、何とかその人を引きとめようとします。あるいはショックを受けて、出会うことをやめてしまいがちなのです。そんなに悩む必要はありません。自分のせいでうまくいかない、とは考えず、私には価値があるのだから素敵な人が待っているわ、と信じて、すぐに次に行きましょう。

多くの女性が失敗するのは、会ってもいない相手に対して心を開きたくなってしまうからです。感傷的になったり、身の上話をすると、とても親しくなったように思うのです。大事にされているように思います。たとえば会社で起きたつらいこと。人生であった寂しかったことなどです。そのようなことは、自分で整理をすべき問題です。男性に押しつけると、相手が引いてしまいます。

けれども逆に、「こんにちは、今日はお天気がいいので、会社帰りに公園を抜けて帰ってきました。楽しい1日を過ごしてくださいね」といったような、さわやかなメールをしてみれば、彼があなたに関心があるのなら、もっと興味を持つようになります。

女性の好きなメールは個人的な事情や感情に関するメールですが、男性が好きなメールはその日起きた出来事やよかったことに関するメールです。

クリスティーナはその指導にしたがって、インターネットで彼と知り合いました。いままでならば、「あなたと話していると楽しいわ」「本当にもっと一緒にいたい」というように、すぐに会話を始めてセックスも早くしていました。そして、「今日はとてもつらかったの、会社でも上司は怒るし、どうしても私の仕事がわかってもらえなくて……」と送ったりしていたのでした。

でも今回はメールを短くすることにしました。すると、「なんだかあなたのことが気になるので、少しスカイプでお話をしませんか？」と彼が聞いてきたのです。しばらく返事を待って、その申し出にオーケーを出しました。ここまですべて彼からの申し出です。

彼女はこのように、相手が緊張して話してくれることがなかったので、とても喜びました。いままでのお付き合いでは、相手は同情はしてくれる割に、利用されるような関係になっていると、彼女は感じていたからです。

RULE

67

お見合いの出会いでうまくいかなければすぐに再登録すること

If Things Aren't Working Out Post Your Ad Again!

サイトへの登録やログインは、彼が正式にお付き合いを申し込んで、「プロフィールをとり下げて」というときまで、続けてください。

しかし、あなたがサイトのプロフィールをとり下げたのに、彼がほかの女性に会っていたり、サイトをやめると言っていたのにやめなかったり、お見合いパーティに参加しているなどのことがあれば、すぐに再登録をしてください。

これはいくつかの意味があります。

彼が本当にあなたを好きならば、あなたがサイトに登録をしているのがわかれば、反省してすぐに自分の行いをやめることもあります。またなぜ登録したままなのかを聞かれて、「あなたも登録しているし、お互いにいろんな人を見なきゃね」などと答えると、彼はあわてます。

それに、彼に注意をして登録をやめさせたとしても、それが自分の意思でなければ、どうせ隠れてするようになるものです。彼の行いを注意するのではなく、サイトに再登録することはとても効果があるのです。

また、ルールズでは、あなたに一途ではない彼との関係は必要ないと決めています。サイトに再登録をしてまた出会っていくようにすると、次の出会いが早く訪れます。彼のことだけでくよくよしない姿勢も学べます。

RULE

68

あまり自分の情報を書き込まないこと

Don't Tell Your Whole Life Story in Your Ad

フェイスブックやそのほかのインターネットサイトなどで自分の情報を書き込みすぎると、彼にとってあなたは、知りたい女性ではなくなってしまいます。

日本の男性を調査したところ、自撮り写真が多すぎたり、何でもかんでも自分のことを書き込んでいる女性は、注目を集めたいと思っていると気づかれていて、「かまってちゃん」などと言われています。よい印象を持っていない男性も多いことがわかりました。

プロフィールの写真は2枚ほどで十分ですし、恋をしたい男性と出会う場所であるならば、あまり情報を書き込みすぎるのは望ましいことではありません。

もちろん、友だち同士のつながりや、仕事の情報を提供するため、面白いサイトをつくるなど、ほかの目的であれば話は別です。面白い話題を提供することは重要な場合もあるでしょう。

でもルールズで相手を見つけていくのであれば、自分がいつもどこにいて、何をしている、と知られすぎていれば、相手がその女性を知りたいという気持ちがなくなります。ですから、インターネットで何らかの情報を書き込むときには注意が必要です。

またお付き合いし始めた男性が、あなたのありとあらゆることを知っているというのも、望ましくはありません。もう会って知る必要はないからです。そのため、フェイスブックなどに彼を入れるかどうか、どのような書き方をするかは、よく検討をしてください。

RULE 69

性的な画像は絶対に送らないこと

Don't Send Anything Sexual

たとえどんなに相手にせがまれても、そのときに相手を信頼していても、お付き合いをしていても、自分のヌードの写真や性的な画像を相手に送らないでください。別れた後でそれらの画像が元の彼の友人に回されたり(しかもその友だちは共通の友だちかもしれないのです)、その画像で脅されたり、悲惨な状況になる女性が多すぎます。

そのように彼に何らかの画像を送ってしまうことは、精神的に愛情に不安があったりして、彼から評価されることがうれしい、などの動機かもしれませんが、それらの画像が回った挙句に、自分のコミュニティを追われた人々も多くいます。

お付き合いをしていると思ったり、その男性に優しくされていると思えるときには楽しかったりすることでも、後々から後悔をすることになります。

また、そういった静的な画像だけでなく、性的なメールもルールズガールズは相手に送ったりしません。

そもそもルールズガールズは、セックスを使って相手の男性を引き寄せたりしません。そうしないことで、より愛情に根づいた関係ができるからです。体を恋愛の道具に使ってしまうと、愛情ができていなくても、わからないままに男性がその女性と付き合ってしまうこともあるからなのです。

いまは彼と別れるなどということは、考えていないことでしょう。それでも別れた後に、彼のもとに残ったり回されたりしたら後悔をすると思われる一切のメールや画像、動画は決して男性に送らないでください。

RULE

70

彼の言うことにいちいち動揺しないこと

Don't React to What He Says

彼の言う言葉にいちいち動揺をしていてはいけません。たとえばルールズをしているんでしょ? と言われたら、「え、何のこと?」と言えばいいです。

私たちは最初、こんなに本が有名になって、男性にルールズをしていることがわかってもうまくいくのかしら、と心配でした。でもばれても、何の問題もありませんでした。つまり効果は同じだったということです。

なかには、上手にルールズをしてもらえて素敵な女性でいてくれるならば応援をする、という男性たちさえいました。たとえ机の上にルールズの本が乗っていて、それを彼が見たとしてでさえ、落ち着いていていてください。問題はありません。

また、「忙しすぎて全然デートができないじゃないか！」と怒られても、ただ「ごめんなさいね」などと言ってください。ルールズをして彼の感情が不安定になったとしても、動揺をしないでルールズを続けることが大事です。

何らかの好ましくない状況が起きたときに、私たちは落ち着いて対処をするように、と女性たちに伝えます。どんな事柄でもあわてて得をすることはありませんし、実際、解決できるものです。将来に夢を持っていてください。

けれども、いろいろな状況を深刻に捉えれば捉えるほど、深刻に捉えて自分が相手に巻き込まれていけばいくほど、面倒なことになります。あわてて動揺して解決しようとすればするほど、状況をこねくりまわしてしまったり、無効だったりもします。動揺して彼にいろいろしてしまえば、うっとうしがられたり関係がうまくいかなくなったりします。

たとえば、彼が前のガールフレンドに会ったとします。そういった場合でも、「そう？会ったんだー」程度で落ち着いていたほうが、彼があなたを好きならば彼はあわてます。そしてその女性を深く愛するようになります。なぜでしょうか？

動揺をしないということは、自分は大丈夫だという自信の表れだからです。ごねればごねるほどうるさがられます。何よりも、うまくいかないものを無理にうまくいかせようとしているから問題が起きていたり、何とかしようと必死になることでむしろ彼を追い払っているのです。

ただルールズを守ってください。「そんなにかまってくれないならば、浮気しちゃうよ！」と言うのであれば、「あら、困ったわね」とか、「それは嫌だな」とか、「えぇ！そうなの？」程度でまったくそこに関わらなければ、あなたのことをますます好きになるでしょう。目くじらを立てて戦ってもろくなことにはなりません。

それらが難しいのはわかります。だから最初は演じるだけでよいのです。「あわてて得なことはない」そう心に念じてください。そしてとくに心配して連絡をとってしまわないことが大事です。

1人でつらいのであれば、ルールズガールズたちには、助け合うようにとすすめています。ほかの人々が成功をしていくと、ルールズをもっと信頼して使えるようになりますし、また支え合うことができるからです。

「彼がこうしてくれないとダメになる、幸せになれない」という姿勢は、いろいろな問題を新たに生んでしまうのです。大丈夫です。深呼吸をして優雅にいきましょう。

RULE

71

正直に、しかしミステリアスでいること

Be Honest but Mysterious

さてみなさんはルールズ、恋の法則がわかってこられたと思います。あなたはミステリアスな、相手が知りたくなり追いかけたくなる魅力をもち、しっかりと自分のことをしています。そして当然のことながら、いつも居場所がわかっているような人ではありません。そもそも、どうして、その男性に四六時中べったりくっついて話をするとうまくいく、と考えてしまうのでしょうか？

確かにそう思うのも無理はないことでしょう。女性であれば、会話は大事なもの。話しかけられてすぐに返事をされたらうれしいから、男性にとってもそれが重要に違いないと思うのです。でもそれは女性同士の話です。恋には恋の法則があります。

ルールズでは、あなたと連絡がときどきとれなくなったりするので、彼はあなたを追い求めるようになります。かといって無理に嫉妬させようと思わないでください。ほかの人と会ってきたなどと嘘を言うと、あなたが彼を意識していると気づかせてしまいます。それに嘘をついて操作しようとする人は、嘘がばれないようにと考えて落ち着きがありません。行方をくらましているときにも、ただ、「忙しいの」でも、「その日はおうちを掃除したくて」でも、「少し休みたいから」でもかまわないのです。ポイントはなんでも説明をしすぎる必要はないけれど、嘘もついたりしないことです。

私たちのクライアントの女性の彼は、彼女が忙しいときに、土日に連絡をくれないことに不服を持っていました。あるとき、彼は彼女を湖に誘い、2人でボートに乗っていました。すると、彼は彼女を抱きかかえて、「先週の土曜日には何をしていたの？　なぜ連絡をくれないの？　言ってくれないと落としちゃうんだから！」と駄々っ子のように言ったのでした。彼女は、「先週は買い物に母と出かけていたのよ！」と真実を話しました。すると、彼は彼女にキスをしてプロポーズをしたのです。連絡がとれなかった理由を無理につくらなくても、彼はあなたを嫌いになったりはしません。

私たちがすすめるのは、基本のルールズをしっかり守っていただくことです。そのように、ミステリアスで、相手が手に入れたくなる魅力を身につけてください。しかし、気を引くために年齢で嘘をついたりせずに、聞かれたら誠実に短めに答えます。

RULE

72

あなたを愛する人を愛すること

Love Those who Love You

ルールズの鉄則は、「あなたを愛する人を愛しなさい」です。

あなたが心からほしいと望んでいる愛情を求め、あなたを愛する人を望み、そうではないものには関わらないでおいたら、いろんなことがよい方向に向かうでしょう。

あなたを愛する人を愛しなさい、という知識が役に立つのは以下の点です。

1．この知識があれば、現実的になることができます。ルールズはどういうときあなたが大事にされるかがわかるので、関わらなくていい人と関わって何年も希望を持ってダメだった、などということがなくなります。

2. いままで恋愛に縁がなかった人々は、自分が特別な女性であることを学べます。自分からこの人じゃないとダメ、と依存的になったり、必死になって追いかけたり、そんなことはしなくてよいこともわかります。また優雅でいることを覚えて、あなたに関心を持ってもらえて愛される経験をすることができるでしょう。そして恋愛至上ではなく、自分の時間をしっかりとることなど、自分を大事にすることを学べます。

3. いま好きな人がいたとしても、その人が自分を大事にしてくれないのであれば、ほかの人を探す勇気を持つことができます。

4. いま好きな人がいてうまくいかないとしても、ルールズを始めたら、相手が自分を大事にしてくれることがあります。それは、「自分を愛さない人はいらない人」とどこかで決心をした結果であることもよくあります。

5. せっかく愛されていたのにあなたがあいだを詰めすぎてダメになった過去があっても、今後はそんなことはないでしょう。再び大好きになれる（しかもあなたを大好きな）男性と出会えて、新しい実りある恋を始められるのですから。

私を好きになる人なんてどうせくだらない人、そう思っている人は、事実そうなります。いつも素敵な相手が現れないことを怒っていたりします。そして、自分を愛してくれない人こそが価値があると認識し、そういった人々ばかりを追いかけます。そのように必死になればなるほど、恋愛で優位な立場に立てないことを知らずにいます。

一方、愛してくれる人を愛することができることは、心底、自分自身を信じている人の在り方なのです。心から自分自身を大切に愛していたら、自分を好きになってくれる人々のなかには、自分が好きになれる人もいることを知っています。もちろん、恋はボランティアではないので、自分を好きになってくれる人でも、お付き合いをしたくない人はお断りをしてよいこともわかっています。

私を愛してくれる人のなかに素敵な人がいる、そう信じていれば、お付き合いをしていく人のなかから、素晴らしい資質がある人を見抜くことができます。

素敵な男性を引き寄せるのに、自分に価値があると信じることは大切なことですが、自分に自信を持つことが難しいことも、よくわかります。最初は信じようとする気持ちだけでも、ルールズを形だけ守ることでもかまわないのです。

真の自信をルールズは学ばせてくれます。そして、あなたが愛する人に愛されることを、経験させてくれることでしょう。

Chapter 7

結婚後のルールズ

The Rules
for Marriage

RULE

73

居心地のよい女性であること

Be Easy to Live with

居心地のよい女性であれば、愛を勝ち得たあなたは、永遠にその男性に愛されるでしょう。ルールズでは、愛されて結婚したら、夫を支援し支持します。そして彼がいつも一緒にいたいな、と思う妻であることを目指します。

女性が結婚をする前に必要以上に男性を支援し支持するのは、ようは結婚したいから、いいかっこをしたいからです。でも本来は、結婚後にその男性を支援して味方になることのほうが、長い結婚生活では重要です。私たちは、結婚したら、こうしてあして、と相手への要望を考えるのではなく、自分ができることは自分でして楽しむこと、夫を応援することをすすめています。

夫婦でよく起きる問題は、たいていがとても小さなことです。それなのに、それらが気になって仕方がないのです。たとえば、料理をつくって待っていたのに、彼は連絡もなく食べて帰ってきて料理が無駄になってしまった、などの些細なことです。

もし私たちが、愛情が大事だという目標に沿って考え行動していなければ、すぐに、「彼を直したい」ということが、頭を占めてしまうでしょう。そのようになったら、ずっと文句を言い続け、彼の欠点を指摘し続ける結婚生活になってしまいます。

結婚前にルールズを使うことは、女性たちに真の強さを与えます。彼のことは彼のことで、私は私の目標に従って生きる、と思うことができれば、2人の関係がまあいいんだから料理は明日食べればいいかな、という考え方ができるようになります。ルールズを学ぶことは、結婚後の居心地のよさを築くうえでもよい経験になるのです。

✦愛される妻になるために、学んでおくこと✦

1. 嫉妬や復讐をしないこと

嫉妬は女性を醜くさせます。また、恋愛でダメだったからといって復讐をしようとすれば、ストレスになってしまいます。いつも彼のことばかりを考えて、新しい人と付き合う目的も忘れてしまうでしょう。

私たちは愛されるという確信を常に持ち、また人生に対してポジティブです。嫉妬深くすべてをチェックしたりしません。「彼」にしがみつくのではなく、「愛される」という目標を大事にしましょう。

2．心配をしてあれこれ聞きださないこと

夫婦になれば、ときとしていろいろな問題が生じ、それを解決する必要が出てきます。問題が生じても、マイナス面を見すぎたり、男性のことを変えようと必死になりすぎて、ほかにしなければならないことがおろそかになったりすることは、正しいことではありません。イライラしていると、傷つくのは自分なのです。しわも増えてしまいます。

結婚前であれば、ルールズでは、相手を心配しすぎたり、相手のことを知ろうと必死になったり、問題があると思っていろいろ聞き出したりはしないものです。受け入れるところは受け入れ、そしてふさわしくない相手であればふさわしい相手を探すということをしていきます。

結婚後であっても、問題を見すぎて問い詰めると相手も深刻になります。関係が暗くなったりしてしまいます。ルールズでは、変えられないことは受け入れ、変えられる現実的で実践的なことを変えていくことを、学ぶことができます。

この姿勢が学べていたら、結婚生活や家庭生活でもうまくいかされることでしょう。

相手を責めすぎてしまったりせずに、問題があっても余裕を持っていられ、いまできることをしている女性は、だれもが一緒にいたい女性です。

3．愚痴を言わないこと

ルールズガールズは、相手の男性がふさわしくないなら離れる、ということをします。愚痴るということは、相手に期待を全部背負わせている姿なのです。問題解決の方法ではありません。

愚痴を言わないことは、男性に対してだけでなく、たとえば自分の子どもたちに対しても、注意はしても、強制はしない、見守る、という姿勢でいられることにつながります。そういった真の強さ、優しさをこのルールズでは学ぶことができるのです。

訳者あとがき

エレンとシェリーとお付き合いをさせていただき、早10年の年月が過ぎました。

その期間、日本のルールズデーティングコーチ養成のための、翻訳のお手伝いなどをさせていただいてきました。

そのため、ルールズを深く学ぶ機会と、またルールズを使う方々のデータに触れる機会が多くあります。私自身はルールズをすすめているわけではありませんが、客観的に離れた立場にいるからこそ、ルールズはとても「感情」に根差した方法なのだということがよくわかります。男性の思考に働きかけるのではなく、説得をしたりするのでもなく、「感情」から、愛してもらえる方法なのでしょう。

事実、ルールズを使って彼を見つけると、その男性はとても熱心です。また、ルールズに沿ったお付き合いで1年半以上にわたり男性が結婚を決めない場合、「連絡中断」をすると、ほとんどの方がご結婚を決めるという顕著な結果となっています。

相手の男性から好きになってもらったり、好きな男性でもその男性が追いかけてくるような恋愛は、とても熱を持ったお付き合いになることも、みなさんの経験上あると思います。

夫婦にはいろいろな夫婦がいますから、女性から声をかけた関係でも、温かなご家族はたくさんおられることでしょう。しかしエレンとシェリーが言うように、相手の男性のほうから関心を持ち、そして、女性がごく友人に接するかのように連絡しておくと、男性はとてもその女性を大切にし、「君って、何か違うよね」「特別だね」と言うようになることも事実です。

また、感情的になって相手を説得しようとするよりも、短くポイントだけ伝えて時間を置いたほうが、関係がよくなっていくこともあるでしょう。会話は短くすること、「連絡中断」をすること、といったルールズの方法は、それらの実践にも役に立つと感じました。

なお今回は、翻訳にあたり、さまざまな質問をエレンとシェリーにぶつけました。そのなかで、彼女たちがすべての面でこのルールズを守ってご自身のご結婚を決めた経験もお伺いしました。

美に対しての考え方についても、上っ面の美を求めるのではありませんでした。「魂も愛されるのだから」「しわは自然なもの」「セクシーになるためにどんな努力もするの」といった彼女たちの言葉に、地についた美意識を感じとりましたし、彼女たちのそういった強い意志を持った生き方から、学ぶこともありました。

エレンとシェリーがクライアントに接するとき、どんなに努力をさせてでも、相手を探すことを大変に重要視し、またルールズを守らせるようにしていることを、お伝えしておきます。

すべての女性のみなさんが、ルールズを守り、いつか声をかけられ、女性として自信を持ってその場にいることができ、そしてだんだんと自信をつけていきながらよい関係に導かれること、それがエレンとシェリーの望みなのです。

みなさんがご自身の知恵を用いてこの法則を使い、人生を豊かにしていくことができますように願っています。

なおこのたびは、早稲田大学・大学院の学生さん、並びに息子のお友だちの大学生のみなさん、美容師のお友だちのみなさま、そして、ハピ婚相談所の大安ケイコ様にも、ご協力をいただきました。ありがとうございました。

【著者紹介】
エレン・ファイン 1957年生まれ。ニューヨーク在住。世界中でベストセラーとなった『THE RULES』の共著者。全米で25のサポート団体を持ち、「ルールズホットライン」「月刊ニューズレター」などで恋愛カウンセリングを行っている。二児の母。

シェリー・シュナイダー 1959年生まれ。ニュージャージー在住。世界中でベストセラーとなった『THE RULES』の共著者。雑誌ライター。恋愛経験をもとにカウンセリングを行っている。一児の母。

【訳者紹介】
キャシ天野 コミュニケーションカウンセラー。さまざまな理論を融合させた独自のカウンセリング手法で夫婦関係や恋愛問題に悩む数多くの人々の手助けをしてきた。ルールズ公式コーチ養成講座専任翻訳家としても活動中。著書に『愛が試される90の質問』(小社刊)、『天使にもらった贈りもの』『恋愛上手 とっておきの方法』(ともにグラフ社)など、訳書に『THE RULES JAPAN 恋と結婚の"ルールズ"』(小社刊)がある。

THE RULES BEST ルールズ・ベスト
ベストパートナーと結婚《けっこん》するための絶対法則《ぜったいほうそく》

2015年5月5日 第1刷

著者 エレン・ファイン
シェリー・シュナイダー
訳者 キャシ天野《あまの》
発行者 小澤源太郎

責任編集 株式会社 プライム涌光
電話 編集部 03(3203)2850

発行所 株式会社 青春出版社
東京都新宿区若松町12番1号〒162-0056
振替番号 00190-7-98602
電話 営業部 03(3207)1916

印刷 中央精版印刷 製本 ナショナル製本

万一、落丁、乱丁がありました節は、お取りかえします。
ISBN978-4-413-03951-2 C0095